うちの子、脱三日坊主宣言!

継続アカデミー塾長
現役小学校教諭
ぞう先生

SOGO HOREI PUBLISHING CO., LTD

はじめに

「うちの子は、何をやっても三日坊主で続かないんです」

こんな声を、よく耳にします。
好きなことを飽きずにやり抜ける子に育ってほしい。
自分から進んで行動できる子に育ってほしい。
健康的で、規則正しい生活習慣を身につけてほしい。
親であれば、誰もが願うことでしょう。

ところが、「習慣化するのは難しい」「自分に継続は向いていない」
と思い込み、苦手意識を持っている人のなんと多いことか。
親の言動が、子どもを三日坊主にさせているのです。

僕自身も、三日坊主でした。

継続できないことに悩み、あらゆる方法を試して「継続のコツ」を見つけました。だからこそ、断言します。

継続は、やる気や意志力、遺伝、性格、才能は関係ありません。

継続のコツを知り「仕組み化」すれば、誰でもできるようになるものです。


継続できるようになると、このように変われます。

- 自信がつく
- 自分から積極的に行動できるようになる
- 「得意」が増える
- 成長できる
- やり切ることが増える

●他人との差がつく
●メンタルが強くなる
●気づいたら習慣化できている
●「強み」がさらに尖《とが》る

はじめからがんばる必要はありません。
最初は、小さなことから始めてみましょう。

子どもの「できた！」は、まわりを笑顔にします。

一つひとつは小さな成功体験でも、積み重なれば大きな自信になります。自信は、次の挑戦へのステップになるのです。
継続することで、今は浮かんでいない夢や目標が見つかるかもしれません。思い通りに実現していく中で、どんどん次の目標が芽生え、気がつけば夢に近づいていきます。

お子さんの夢や目標を、一番近くで応援できるのはあなたです。
継続は、お子さん一人ですることは難しいものです。
ですので、ぜひお子さんと一緒に実践してみてください。
するといつのまにか、無理なく継続できるようになります。
三日坊主を卒業して、お子さんの、そして自分の可能性の幅を広げませんか？
本書がその一助になることを、お約束します。

2024年3月　ぞう先生

第2章　継続できない子どもの特徴

第3章　継続のコツ

第４章　悪い継続をやめさせる方法

ブックデザイン　MOCCHAN DESIGN
もっちゃん
図表・DTP　横内俊彦
イラスト　kikii クリモト
校正　髙橋宏昌
構成・編集　鈴木遥賀

序章

「うちの子、どうすれば成績が上がりますか」
「うちの子、どうすれば運動ができるようになりますか」
「うちの子、どうすれば自分から積極的に行動するようになりますか」

突然ですがこういった悩み、ありませんか？

これは実際に僕の元に寄せられたお母さん、お父さんの声です。

僕自身、3人の子どもの父親なので、この気持ちはとてもよくわかります。子どもにはできれば成績を上げてほしいし、運動もできるようになってほしい、さらに自分から積極的に何でもチャレンジする子に育ってほしいものです。

はじめまして。ぞう先生と申します。

僕は20年以上、小学校の先生をやっています。今まで見てきた子どもの数はざっと1000人を超えます。そのかたわら、𝕏（旧ツイッター）では、継続の方法や自分の体験談を30～50代の方向けに毎日投稿しています。「継続アカデミー」というコミュニティーを立ち上げ、主に大人向けに継続のコツ（やり方）を教えています。

話を元に戻して、先の親御さんの悩みの答えとして僕はいつもこう話します。

「何でもコツコツと継続してやれるようになると成績は伸びますよ」

すると、ほとんどの方がそれはよくわかるのですが……と前置きした上で、こう切り返してきます。

「うちの子、何をやっても三日坊主なんです」

「うちの子、私に似ていて何かをコツコツすることが苦手なんです」

断言します。継続できない理由として、「遺伝」「性格」「やる気」「根性」「意志力」は**まったく関係ありません**。

継続にはコツがある

実は僕自身も先の親御さんと同じ考えを持っていました。自分には何かをコツコツやり抜く力がない、飽き性だ、継続できないと考えていました。

なぜそう思ったのかというと、これまでにじっくりコツコツと継続できた経験がなかったからです。何かやりたいことがあり、始めたとしても、三日坊主で終わってしまう。ひどい場合は一日でやめたこともあります。そういった経験から、「自分には継続は向いてない」と思い込んでいたのです。

でも、ある日、ふとこう思いました。

「継続もスポーツと同じで、何かしらのコツがあるのではないか？」

野球にはバットを振るコツがあります。ゴルフも正確なショットを打つコツがあり

ます。テニスもバレーボールも水泳も、すべて「体の動かし方のコツ」というものが存在します。それ以外にも書道の書き方、絵の描き方、人間関係でさえコツがあります。だったら、継続にもコツがあるのではないかという仮説が浮かんだのです。

そこから僕は「継続」「習慣化」の名のつく本を読みあさりました。そして、今すぐできそうなことを自分の体を実験台にしてすべて実践しました。

すると、驚くことに1カ月、3カ月、半年、1年と継続できたのです。

あれだけ自分には継続の才能がないと思っていましたが、その考えが180度変わりました。

継続できなかった理由は、遺伝でも性格でもやる気でも根性でも意志力でも才能でもなく、ただただ**継続のコツ（やり方）を知らなかった**だけだったのです。裏を返せば、**やり方さえ知れば、誰でも継続は可能**なのです。

まとめ

思い込みを外し、コツを学べば誰でも継続できる

なぜ、今継続なのか

今、世の中は「大谷フィーバー」になっています。現在ロサンゼルス・ドジャースで活躍する大谷翔平選手の、投打二刀流がメジャーリーグで通用しているだけでもすごいことなのですが、なんと2023年に日本人選手初のホームラン王を獲得しました。名実ともに、世界中の誰もが認める野球選手となっています。

そんな大谷選手が高校生のときに書いた、目標を達成するためのマンダラチャート(目標達成シート)がこちらです。これだけすごい記録を打ち立てたのですから、練習をしっかり継続していたのは間違いないでしょう。

しかし、ここで注目してほしいのは、人間性の部分です。人間性に必要なこととして「感謝」「礼儀」「思いやり」などを挙げています。どれも納得の言葉でしょう。

大谷翔平選手のマンダラチャート

体のケア	サプリメントを飲む	FSQ 90kg	インステップ改善	体幹強化	軸をぶらさない	角度をつける	上からボールをたたく	リストの強化
柔軟性	**体づくり**	RSQ 130kg	リリースポイントの安定	**コントロール**	不安をなくす	力まない	**キレ**	下半身主導
スタミナ	可動域	食事 夜7杯 朝3杯	下肢の強化	体を開かない	メンタルコントロールをする	ボールを前でリリース	回転数アップ	可動域
はっきりとした目標・目的をもつ	一喜一憂しない	頭は冷静に心は熱く	体づくり	コントロール	キレ	軸でまわる	下肢の強化	体重増加
ピンチに強い	**メンタル**	雰囲気に流されない	メンタル	**ドラ1 8球団**	スピード 160km/h	体幹強化	**スピード 160km/h**	肩周りの強化
波をつくらない	勝利への執念	仲間を思いやる心	人間性	運	変化球	可動域	ライナーキャッチボール	ピッチングを増やす
感性	愛される人間	計画性	あいさつ	ゴミ拾い	部屋そうじ	カウントボールを増やす	フォーク完成	スライダーのキレ
思いやり	**人間性**	感謝	道具を大切に使う	**運**	審判さんへの態度	遅く落差のあるカーブ	**変化球**	左打者への決め球
礼儀	信頼される人間	**継続力**	プラス思考	応援される人間になる	本を読む	ストレートと同じフォームで投げる	ストライクからボールに投げるコントロール	奥行きをイメージ

【出典】スポーツニッポン

そしてその中の一つに、なんと「**継続力**」があります。

大谷選手は、継続力が身につくことで、人間性が磨かれると書いています。大谷選手といえば、記録もさることながらその人間性が評価されることも少なくありません。きっと継続力を身につけたことで、人間的にも成長できたのだと思います。僕は継続することを専門に教えているのでよくわかるのですが、高校生にしてすでにここまで理解していたのかと思うと感服します。

未来の自分を輝かせることの一つとして、継続は欠かせないと僕は確信しています。

継続力が身につくことのメリットは人間性の向上の他にもあります。

継続することで何かをやり切り、達成感や満足感を得られます。その成功体験が自信になります。自信とは、自分が思い描いたことが現実化したときにわいてくるものです。そして、成功した経験が次のチャレンジへの意欲となります。

さらに、一度達成感を味わうと少々のつまずきではあきらめなくなります。失敗を糧にできるようにもなります。これらをくり返すことで、自分を好きになれるのです。

成功体験が
得られる
自信がつく
どんどん
チャレンジする
ようになる
メンタルが
強くなる
自分が
好きになる
me
HAPPY

継続することは、継続したことの向上以外にもたくさんのメリットがあります。

やるに越したことはないのです。それは、大人も子どもも同じことです。

親の誤解は子どもに伝染する

しかし、一度も親が継続をすることでやり切った経験がないとしたらどうなるでしょうか？　以前の僕のように、自分には継続することは向いていないと言ってチャレンジすらしない。最悪の場合、自分ができていないのだから、子どもができないのは仕方がないと思ってしまっていないでしょうか。

直接口に出さなくても、その思いは子どもに伝わっています。

でも大丈夫です。これから僕がお伝えする継続のコツを読み、その通りにお子さん

と一緒にやっていただけると必ず継続できるようになります。
焦らず慌てず、ご自身のペースでゆっくりと読み進めてください。必ず良い結果が出ることをお約束します。

まとめ

継続はメリットだらけ

継続のゴールは2種類ある

継続といえば、何だか一生続けるようなものだと思いませんか？

僕が考える継続にはきちんとゴールがあります。一生続けろ、と言われると何だかしんどいですよね。ゴールの見えないマラソンはスタート前からやる気が出ません。

また、走っている途中であとどのくらいの距離かがわからないと疲れたときに本領を発揮することはできません。


僕は継続には2種類のゴールがあると考えています。

❶夢や目標が叶った瞬間
❷習慣化すること

夢や目標に向かってコツコツと毎日何かを続け、それが叶った瞬間。これが一つ目のゴールです。

例えば、「テストで満点を取ること」「逆上がりができるようになること」「欲しいものを買うためにお金を3000円貯めること」などです。

今はできないことができるようになればゴールです。

テストで満点を取るためにはコツコツと復習する必要がありますし、逆上がりは毎日練習すれば必ずみんなできるようになるでしょう。

二つ目のゴール「習慣化すること」とは、例えば読書習慣、勉強習慣、運動習慣などです。歯磨きをすることと同じくらい当たり前に、毎日読書ができる、なんの苦痛もなく勉強ができるといった状態になることです。

行動を習慣化すること（行動習慣）は、1カ月でできるといわれています。

必ず毎日出される学校や塾の宿題、読解力向上に欠かせない読書などは習慣化すると難なくできるようになります。

このように**継続のコツを知ることで、自分の可能性の幅を広げることができます。**

まとめ

継続のゴールは「夢が叶った瞬間」と「習慣化すること」の2種類

継続の恩恵は一生もの

さらに継続のコツは一度身につけるとどんなことにも応用することができます。

継続の恩恵を一度受けると、達成感や満足感を得られ、次なる目標の意欲となります。そうやって小さな成功体験を重ねることにより、だんだん自分から積極的に行動する子になっていきます。

しかし、継続のコツを知らなければ、いつまでたってもコツコツと続けることの良さを実感できません。

チャレンジしたけど、途中であきらめてしまったり、自分には継続は向かないと誤学習してしまったりしてマイナスの方向に行ってしまいます。チャレンジすることはとても良いことなのに継続のコツを知らないことにより、自信を失う残念な結果となってしまいます。最悪の場合、「どうせやってもうまくいかないんだ」と、チャレンジすることをスタートする前からあきらめてしまう子になってしまいます。それはとても悲しいことです。自分の可能性に自分で蓋《ふた》をしているからです。

そうならないためにも**できるだけ早いうちに継続のコツを覚えることが大事**です。

この本では、まず第1章で人はなぜ、継続できないのかを探っていきます。ここでは継続できないのはあなたや子どものせいでは決してないことを知ってもらいます。第2章では、継続できない子どもの特徴をお伝えします。それを知ることで、いざ継続しようとするときに三日坊主にならないよう、備えることを目的としています。第3章では継続のコツについて詳しく解説します。ここでは継続のコツを知り、継続の恩恵を味わってもらいます。

第4章では、悪い継続をやめさせる方法について解説します。せっかく良い継続ができるようになったとしても悪い継続がそれを打ち破ってしまうことがあります。だからこそ、悪い継続をやめさせる方法を伝授します。

第5章では、読めばその日からすぐ使える、自分から積極的に行動する子になる親の言動を9個に分けてお伝えします。

継続のコツは覚える時期が早ければ早いほどお子さんにとって有効です。

それでは、早速本題に入っていきましょう。

『うちの子、脱・三日坊主宣言！』スタートです。

まとめ

継続のコツは早いうちに覚えるといい

第1章

なぜ、継続できないのか？

そもそも人間は継続できない生き物

まず、継続のコツを知る前にどうして人間は継続できないのかということについてお話しします。

𝕏でこんな質問をしました。

「あなたは継続が得意ですか？　苦手ですか？」

結果は、得意が27・5％、苦手が52％、どちらでもないが20・5％でした。

僕のアカウントは継続している人へ向けてなので、どちらかといえば熱心な方が多いのですが、どちらでもないを含めると70％以上の人が継続が苦手だと答えました。

では、なぜ人間は継続が苦手なのか？　それは**人間の本能**に由来します。

すべての人間には、生まれたときから「生存本能」があります。文字通り生きようとする本能です。

狩りの時代、食べ物が豊富にある場所にいるとき、人間は別の場所に行こうとはしませんでした。なぜなら、別の場所に行くと食べ物がないかもしれないからです。食べ物がないと飢え死にしてしまいます。さらに移動中、獣に襲われて死ぬ可能性もあります。狩りの時代に移動することは、かなりリスクが高いことだったのです。それならば、新しい場所へ行きたい欲求を抑え、食べ物がなくなるまでその場所から離れないのが得策です。

このような生存本能から**人は新しいこ**

Q.あなたは継続が得意ですか？　苦手ですか？

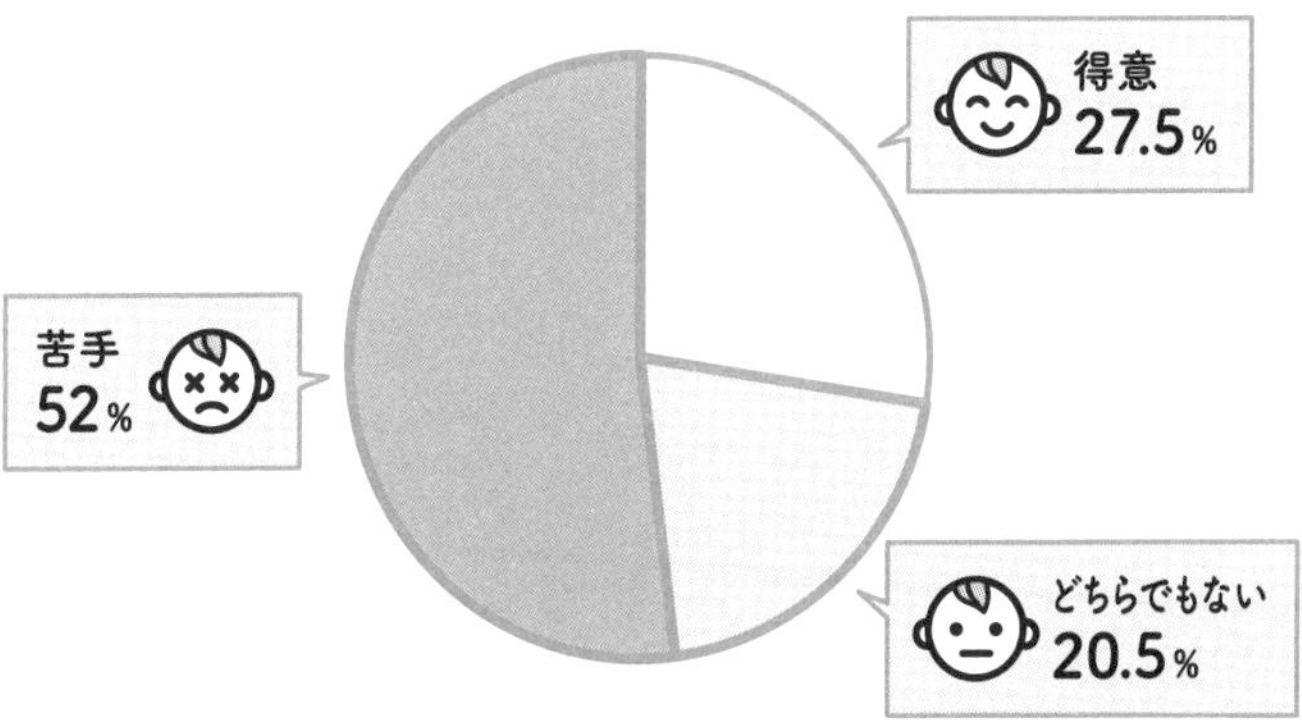

【出典】ぞう先生𝕏（@zousanwarai）

とや変化を嫌う習性がもともと兼ね備えられているのです。だから新しいこと、つまり新たに何かを始めようとするとき、脳がそれを嫌うのです。違和感として出てきます。これは誰もが当てはまります。

継続ができない理由は、新しいことや変化を嫌う習性によるものです。だから**継続できないのは、あなた自身やあなたのお子さん自身が悪いわけでは決してありません**。

実は人の行動のほとんどは習慣化されています。一日の流れを見てみましょう。

朝起きてから家を出るまで何をしますか？　多分ほとんどの人が毎日同じことをしているのではないでしょうか。

僕の場合は、起きたらすぐトイレに行きます。その後、手と顔を洗い、白湯《さゆ》を一杯飲みます。お湯を沸かしコーヒーを入れ、朝ご飯を食べます。

このように人は習慣で行動し、新しいことや変化をできるだけしないようにインプ

ットされているのです。だから、自分で決めた目標ややりたいことであっても、三日坊主ですぐやめてしまうのです。

このことを知っているのと知らないのとでは雲泥の差があります。継続することと自体が人間の苦手なことであるとわかっていれば、対策を立てられます。それを知らないとついつい自分には向いていないという方向に行ってしまいます。

継続することは自然にできることではありません。もしも継続が自然にできるのであれば、誰も苦労せず夢や目標を叶えているでしょう。コツコツと毎日継続できないから挫折してしまうわけです。

夢や目標が叶わないのは、途中で継続することをあきらめてしまっているからなのです。

まとめ

継続できないのは、あなたのせいではない

継続に意志力は関係ない

もう一つ、継続のコツを知る前に知ってもらいたいことがあります。それは、**継続することに意志力はまったく関係ない**ということです。むしろ、意志力に頼っていると継続できません。

私たちは継続できなかったとき、ついこう思ってしまいます。

「なんて自分には意志力がないのだろう」

「自分がやると決めたことをできないなんてダメな奴だ」

せっかく目標を持って行動しようとしたのに、マイナスの結果として心に残ってしまいます。夢や目標を持つこと自体は、とても良いことです。ところが、こういった経験をくり返していくうちに、それらを持つことすらやめてしまうようになります。

とても悲しいことです。


意志力に頼ると続かないのは、なぜでしょうか？

それは、**意志力は消耗する**からです。例えば、腕立て伏せをするとだんだんと腕が疲れてきて、そのうちまったく動かせなくなります。筋力と同じように、意志力も使っていると少しずつ疲れてきて弱まってくるのです。

仕事や近所付き合いなどの人間関係によるストレス、多すぎる選択疲れ、こういったものが意志力を弱らせます。だから意志力に頼っていると、どうしてもできない日が生まれてしまうのです。そこで怖いのは、できないときに自己嫌悪に陥る、もしくは継続は向いていないと思ってしまうことです。


意志力に頼らずに、継続する方法があります。それは「**仕組み化**」です。

詳しくは第３章でお伝えしますが、仕組み化（習慣化）すると意志力やその日の気分に左右されず、継続できるようになります。歯磨きやお風呂は、毎日苦労せず自然とできますよね（ちなみに「うちの子は、歯磨きやお風呂さえさせるのに苦労する」

というあなた。これらも仕組み化すれば、すぐできるようになります)。仕組み化できれば、歯を磨くレベルでやりたいことを継続できるようになるのです。

学校の宿題を一年間一度も忘れない子がクラスには必ずいます。その子たちにこんなことを聞いてみました。

「いつ、宿題やってるの?」

すると、だいたいの子はこう答えます。

「帰ったらすぐやります」

えらいっ!と言いたくなりますね。さらにどうして帰ったらすぐにやるのかを聞いてみました。するとこんな答えが返ってきました。

「すぐやれば後で自分のやりたいことがたくさんできるから」
「早く終わらせるとスッキリするから」
「気持ち的に楽になるから」

今回の、自分から進んですぐやる子の場合は、学校から帰ってからすぐ宿題をやるとなぜ良いのかを理解していました。つまり、**メリットを把握していた**ということです。

さらに、帰ったらすぐやるということは、**仕組み化の観点でも良いこと**なのです。

宿題をよく忘れる子にも同じことを聞いてみました。

「いつ、宿題やってるの？」

「……。」

すぐに答えることができませんでした。宿題をやる時間がバラバラなのです。やる気になったらやる、つまり意志力で宿題をやっているということです。

まとめ

意志力に頼ると継続できない

やる気スイッチはない

「どうしたら子どもがやる気になりますか？」

こちらも僕が受ける多い質問の一つです。
昔、予備校のCMで、「やる気スイッチ、君のはどこにあるんだろう？」という歌が流れ、先生が体についているボタンをカチッと押すと、うおーー！とやる気が出てきて急に勉強を始めるというのがありました。やる気スイッチとはそんなイメージだと思います。
やる気スイッチがあれば最高ですよね。押すだけでやる気が出るのですから。
しかし、残念ながらそういったスイッチはありません。いくらスイッチを押そうとしたところで、やる気のない子のやる気は出ないということです。

でも、やる気は起こすことができます。それは、「**5分だけやろう**」です。

脳の側坐核《そくざかく》という部分を刺激することで、やる気を起こさせます。だからやるのがしんどいときは、まず5分だけやろうと机に向かってください。側坐核に刺激が走り、気がつけば10分、20分やっているなんてことがしばしばあります。

やる気とは、スイッチをカチッと押してさあスタートというわけではなく、**少しやってみることで脳が刺激され、わいてくるものなのです**。

小学校の授業では、はじめの5分が勝負だといわれています。いかに5分間で子どもの側坐核を刺激できるか、脳をやる気にさせるか、です。

はじめの5分間では、簡単なことをさせることが多いです。算数ならば、必ず日付、ページ数、今日のタイトル、めあてなどを書かせます。誰にでも簡単にできる作業をさせることで、側坐核を刺激します。

また、子どもが興味を引かれるような内容からスタートすることも多いです。

社会科ならば、写真を見せることからスタートして、「これは何かな？」「この写真から気がついたことは何かな？」など、興味を持たせることを最初に行います。

よく冗談でわが子に、「やる気スイッチはどこにあるんや？」なんて言いますが、そういったものはそもそもなく、5分間だけやれば勝手にスイッチが入るように脳はできているのです。

また、やる気にさせるには見通しを持たせることも大事です。これをやることでどんな素敵な未来が待っているのか、それをどうやれば実現できるのか、これが見えてくるとようやくやってみようかなと思うものです。そういったものを用意することが大事ですね。

まとめ

やる気になりたいなら5分だけやる

そもそも子どもは好きなことしかしないもの

いきなりですが、あなたが子ども時代のことを思い出してみてください。

僕は遊んでばかりいました（笑）。毎日友達と遊ぶ約束をして公園で遊んだり、友達の家でゲームをしたりしていました。帰ってきたら今度は兄と弟と家の中で遊んでいました。

みなさんはどうでしょうか？　もしかしたら好きな習い事に明け暮れたり、読書をしたり、絵を描いたりしていた方もいるかと思います。

つまり何が言いたいかというと、**子どもは放っておくと好きなことばかりしている**ということです。

そのことをすっかりと忘れてしまい、わが子が遊んでばかりいると、ついつい小言を言ってしまいます。

「遊ぶ前に宿題しなさい！」
「遊んでないで、早くお風呂に入りなさい！」

うちの子はなんで言うことを聞かないのだろう。どうして好きなことばかりするのだろう。だんだんイライラしてきます。宿題、お風呂、歯磨き、片付けなど最低限のことは言われる前にやってほしい。その上で、好きなことをするのは別に構わない。でも……。

その気持ち、とてもよくわかります。僕も三児の父親なので、楽しく過ごすのはいいけれど、やるべきことはきちんとやってほしいと思っています。

ただ、子どもにその都度その都度、先に書いたような言葉を言うだけでやることをやる子になるかといえばそうではありません。また、子どもを放っておいて勝手にそうなるかといえば、それもまた違います（そうであればどれだけ楽か！）。

まずは、子どもは好きなことしかしないものということを頭に叩き込むことから始めましょう。きっとご自身もそうでしたよね。

その上で対策を考えます。「子どもは親の言うことを聞くもの」という前提と、「子どもは好きなことしかしないもの」という前提では、そもそもの対策が変わってきます。

前者であれば、子どもが言うことを聞かない時点でイライラしてきます。イライラするということは、その時点で冷静さを失っているので、言わなくてもいい一言を言ったり、大きな声を出したりしてしまいます。

後者だと、子どもは好きなことしかしないものだと理解しているので、遊んでいてお風呂に入らないときでも、「いつお風呂に入る？」と子どもに決めさせたり、「やっているこことが終わったらお風呂に入ってね」などと促したりもできます。

子どもの立場になって考えると、好きなことをやっている最中にいきなり、「お風呂に入りなさい！」と言われてもなかなか気持ちの整理がつかないものです。子どもは基本的に、何も言われていないときは好きなことをやっていますので。

さらに、あなたがもしも、子どもが嫌がることをいきなり継続させたいと考えているのなら、この本をそっと閉じてください。例えばこういうことです。

- 運動が苦手な子に運動を習慣化させようとする
- 勉強が嫌いな子に無理やり勉強をさせようとする
- 習字が好きではない子に字がきれいになることは大事だと習わせようとする
- 泳ぐことが嫌いな子に水泳が体に良いからと習わせようとする

このように、子どもが嫌いなことをいきなり継続させようとするのはハードルが高すぎます。あなたも、

「運動が苦手でも、今日から毎日5キロ走ってね」
「活字が苦手でも、今日から毎日50ページ本を読みなさい」
「苦手なのは知ってるけど、今日から毎日日記を5ページ分書いて」

と、急にこんなふうに言われたら、ちょっと勘弁してくれとなりますよね。

「じゃあ、好きではないことや苦手なことは継続させることができないのか？」といった疑問がわいてくるかと思います。

答えは「ノー」です。**いきなりがダメなんです。**

この本を読んで、よしやってみよう！と、苦手なことを無理やりやらせようとしたり、いきなり結構な量をさせたりすることは絶対にやめましょう。まずは**得意なことや好きなことから始めるか、小さなことから始めましょう。**

僕の𝕏を見てくださっている方の中にも、継続のコツを教えると、とても大きなことを始めようとしたり、違うことをたくさんやろうとしたり、かなりの量をいきなり自分に課したりする人がいます。

例えば、「経験がないのに、筋トレと勉強とＳＮＳ発信を同時に継続しようとする」「今までやっていなかったのに、いきなりジムで毎日１時間のトレーニングをしようとする」などです。

そういった方は、**ほとんどが途中で挫折します。**

地に足が着いたことを、できそうなことから、小さく始めるのが大切です。

まとめ

子どもは決して悪くない
継続は小さなことから始める

親の言動が継続できない誤学習を生む

ここまでを読んでくだされば、継続できないのはあなたや子どものせいではないことがわかっていただけたかと思います。

本章の最後に知っておいてもらいたいことは、子どもにとって親の言動は非常に大切であるということです。

子どもは見ていないようで親の一挙手一投足を見ています。そういった意味では、小学校の先生は子どもたちにとてもよく見られています。

そこで僕が子どもと接する上で大切にしていることが二つあります。

❶子どもの人格を否定しない
❷子どもの可能性を信じる

まず「❶子どもの人格を否定しない」とは、子ども自身を否定しないということです。例えば、次の言葉です。

NG 声かけ

「本当にダメな子だな」
「無理だからやめておけ」

継続する上で失敗をすることは必ずあります。

〝失敗〟とは、計画通りにいかなかったときや、やったことの結果が出ないといったときが挙げられます。そういうときに、親が余計な一言を発することで子どもが傷つき継続をやめてしまうことがあります。

また、必要のないアドバイスや、できているところよりできていないところだけ注目することなども、子どものやる気をそぐ結果となってしまいます。

親は子どもの応援団でありたいものです。

僕は子どもができないとき、必ず励ますようにしています。子どもの可能性を信じ、励まし続けます。できていないところよりできているところに注目します。

大人だって、何かをして振り返るとき、まず良いことから言われたいものです。その上でできなかったことを振り返り、このようにすればいいとアドバイスを受けると素直に受け入れることができます。

継続のコツははじめのうちは親子で一緒に行います。その上でご理解いただきたいのは、お子さんの人格を否定せず、可能性を信じること。そして、達成したときには一緒に喜ぶこと。それが次につながります。

継続はゴールまでの道のりが大切です。過程を楽しみ、スモールステップで少しずつコツコツ良くなっていく姿を微笑ましく見守ってくだされば、必ず良い結果につながります。

まとめ

子どもの可能性を信じること

第2章

継続できない子どもの特徴

特徴を知ることで備える

突然ですが、地震が起こったらあなたはどうしますか？

僕は慌ててしまいそうです。身の安全を守ろうとするのですが、どうしたらいいのかわからなくなりパニックになるかもしれません。

だからこそ、そうならないために学校では避難訓練があります。緊急地震速報が流れたら、まず机の下に身を隠す。揺れが収まったら校内放送を待つ。逃げるときは「押さない、走らない、しゃべらない、戻らない」を徹底して守る。

備えあれば憂いなし。地震が起きたときに対処する方法を知ることで備え、来てしまった場合に憂いがないようにしています。

第2章では、この地震の例のように、継続できない子どもの特徴を事前に知ることで、いざ継続しようとするときに三日坊主にならないよう、備えることを目的としています。

継続できない子どもには特徴があります。

さらに、それは誰でも陥る可能性があります。

ですので、今から挙げる特徴がもしもお子さんに当てはまると思っても安心してください。**当てはまっているからダメというわけでは決してありません**。むしろ、どの特徴にも当てはまらないという子なんていないのではないかと僕は思っています。

また、いくら継続のコツを学んだとしても、基本となる考え（土台）がしっかりとしていないとやめてしまうことがあります。いくら頑丈な家を建てたとしても、土台がグラグラだと家は傾いたり、崩れたりしてしまうのと同じことです。

具体的に継続できない子どもの特徴を学ぶことで、親としての基本的な考えをお伝えできればと考えています。

まとめ

継続できない子どもの特徴を知り、備える

すぐあきらめる子ども

体育の授業で「後転」をしていました。マットの上でしゃがんで後ろ向きにくるっと回る技です。手本を見せてから、練習開始です。みんな見よう見まねで練習をしています。

そんな中、よく見てみると練習を一回やっただけでもうあきらめてしまい、見ているだけの子がいます。当たり前ですがこれではなかなか上達しません。

すぐにあきらめてしまう理由は一つではありませんが、これだけは早く直しておきたいというものがあります。

それは、**失敗したくない**という理由です。お手本のようにできない自分がはずかしい。かっこ悪い。失敗したら笑われそう。だから失敗したくない。そういった気持ちが**行動にブレーキをかけてしまう**のです。

では、どうすればそのような考えが払拭できるのでしょうか？
まず、**失敗してもいい雰囲気作りから始めます。**
具体的には、このようにします。

- 失敗しても責めない
- 失敗を笑わない
- 失敗してもすぐアドバイスしない

詳しく見ていきましょう。

失敗しても責めない

子どもはよく失敗をします。一回や二回ならまだ許せるのですが、何度も同じ失敗をすることがあります。

そんなときに親が言ってはいけないNGワードがありま

す。それはこちらです。

NG 声かけ

「どうしてうまくいかないの？」

親としてはできない理由を聞くことで、改善点に気づいてほしいという気持ちなのだと思います。しかし、この聞き方には注意が必要です。なぜなら、**子どもからしたら責められているような気になることがある**からです。

仮に、言葉の通り受け取ったとしてもできない理由を言葉にすることで、**自分を否定的に見てしまう可能性もあり、そのためにやる気をなくしてしまう**こともあります。

叱られたり、失望されたりするのではないかという不安がある場合、子どもは本音を話しにくくなります。

失敗を子どもの成長の機会と捉え、一緒に課題を解決していくために最適な質問があります。

OK 声かけ

「どの部分が難しかった？」

「どうすればできるようになると思う？」


このように聞くことで、建設的な意見をお互いに言えるようになります。また、自分の頭で考える力がつきます。

これをくり返していくと、子どもは失敗を少しずつ受け入れられるようになります。

失敗を笑わない

次に失敗を笑わないことも重要です。

中には、失敗をしても自分からテヘへと笑う子もいますが、そういう子は、もうすでに失敗に対して肯定的な考えや免疫ができている場合がほとんどです。しかし、そういう子は今までの経験上多くはないです。

子どもが安心して挑戦するためにも親や兄弟、教師やクラスメイトは相手を傷つけないために失敗を笑わないようにすることが大切です。

失敗は学びの機会であり、その過程を共有し合うことで成長が促進されます。また、周りの見ている人の温かい目がモチベーションアップにもつながります。

失敗してもすぐにアドバイスしない

「えっ？　失敗したらアドバイスするのは当然のことでは？」と思う方もいるかと思います。もちろん的確な場面でのアドバイスはとても有効です。しかし、すべての状況でアドバイスが適しているわけではありません。

子どもに失敗してほしくないという気持ちからアドバイスしてしまうことがあるのですが、**いつもすぐはやめたほうがいい**です。

親からすれば、好意でアドバイスをしているのですが、子どもからすれば失敗のたびに何かを言われている状態となります。

例えば、自転車に乗る練習をしているとします。子どもが転びました。するとすか

さず、お父さんが、

「今のは、ペダルがうまくこげてないからだ」

「今のは、前を見ていないからだ」

「今のは、ブレーキをかけていないからだ」

などと、失敗のたびに問題点を指摘されたら、しんどくなりませんか？　よかれと思って助言してくれているとわかっていても、これが続くと、「一人でやらせてくれ」と感じることもあるでしょう。

お子さんが今、アドバイスを求めているのか？

もしくは、**自分で課題解決策を考えようとしているのか？**

そこを見極める必要があります。自分で解決しようとしている場合は、そっと見守ることも必要です。


雰囲気作りができると、次に失敗は悪くないことを伝える必要があります。

具体的には、**失敗は挑戦の証、胸を張っていいと言い続ける**のです。いきなりうまくできることなんて滅多にない。みんな失敗をくり返す中で上手になったんだということを語りましょう。

「お父さん、お母さんも子どものころやったとき、最初はまったくできなかった」と話せばいいのです。

また、果敢に挑戦することを褒めることも効果的です。

僕はよく、挑戦して失敗した子には、「**ナイストライ！**」と声をかけます。

一度、失敗してもいいという気持ちが芽生えると、どこでも練習をするようになります。後転だと家でも練習する子も出てきます。後転ができるというゴールに向かって、黙々と練習に励むようになります。

学校では、先生やクラスメイトが決して失敗を責めない、笑わない、といったこと

を実践しています。家では誰がその役目を果たすのでしょうか？　その答えはもちろんパパやママです。

普段から失敗しても大丈夫という雰囲気があれば、子どもは学校で習ってできなかったことを家でもどんどん挑戦するようになります。

できなければ一緒に考え、できたら一緒に喜ぶ。親は子どもの一番の応援団でありたいものですね。

まとめ

失敗をしてもいい雰囲気作りが大切
失敗は挑戦の証、胸を張っていい
失敗は学びや成長の絶好の機会

集中力がない子ども

学校で授業をしていると、さまざまな場面に出くわします。

例えば、ハサミやのりなどを入れる道具箱から、ふいに何かを取り出して遊び始める子どもがいます。先生の話やクラスメイトの発言を聞くことができず、自分のやりたいことをやってしまうタイプの子です。

そんな子には、まず注意をします。片づけるように促すわけです。

大概の場合、その場で片づけます。しかし、少し時間が経つとまたハサミを取り出し遊び始める。何度も何度も同じことをしてしまう場合、一度そのハサミを預かります。集中力を切らしてしまう要因となるものは、仕方ないので取り除きます。

勉強が苦手な子の中には、筆箱の中身がまったくそろっていない場合があります。

鉛筆や消しゴムが入っていなければ、ノートを取ることもできません。

そんな子どもには学校の鉛筆と消しゴムを貸し出します。そして親御さんに電話をして、新しいものを購入するようにお願いします。さらにその子には、鉛筆や消しゴムを使ったら必ず筆箱の中にすぐ戻すよう指導します。

また、最近では黒板の周りに掲示物を極力貼らないようにしています。なぜなら掲示物に目がいってしまい、黒板に集中できない子がいるからです。

このように**子どもに集中力がないのではなく、環境が整っていない場合は少なくありません。**

同じように家でも何かを継続させたい場合、その環境が整っているかを考えてみてください。

例えば読書をさせたいと思っているのに、家ではいつもテレビをつけっぱなし。それだとなかなか無理があります。

テレビがずっとついている部屋では、映像や音といった誘

惑が多く、読書に必要な集中力をキープできません。

他にも、運動をさせたいと言いつつ、親はまったく運動しない。これも環境的に無理があります。親がやっていないことを強いるのは、子どもも納得がいきません。

また、運動をさせたい場合、子どもが興味を持てるような道具があれば自然に運動を始めることがあります。例えば、ボールや縄跳びなどです。

次に、机の上が散らかった状態であったり、机のすぐ横にゲーム機やマンガが置いてあったりしては、勉強に集中できません。小学校の低〜中学年のうちはリビングのダイニングテーブル（食卓）で勉強するのもいいですね。食卓は片づけるのが簡単ですし、モノがあまり置かれていないので、誘惑が少なく集中できます。

このように、環境を整えることで子どもの集中を助ける手立てをしてあげることも、継続する上で大事であるとおわかりいただけたと思います。

まとめ

集中できる環境を作る

自分の頭で考えない子ども

学校では、先生が子どもに指示を与えるとき、必ず「趣意」を説明します。趣意とはなぜ、それをするのかということです。**なんだかよくわからないけど行動しているのではなく、こういう目的でこれをやっていると理解しているのが大事**です。

良い先生は趣意と指示が明確であり、短いです。

例えば、教室のごみを拾わせたい場合、

❶指示のみ：「ごみを拾いましょう」
❷趣意＋指示：「教室をきれいにします。ごみを拾いましょう」

❶は指示のみなので、子どもたちはただ単にごみを拾うだけです。そこで❷のように、趣意を伝えてから指示をすることで、ごみを拾う目的は教室をきれいにするため

であることが伝わりました。これをさらに応用して、次のように伝えます。

「教室をきれいにします。自分でできることをしましょう」

すると、ごみを拾う子、掃除用具入れからほうきとちりとりを持ち出す子、雑巾を用意する子、さまざまな行動をする子が出てきます。つまり、応用編は**趣意だけを説明し、行動は自分で考えさせる**のです。このとき、自発的な行動をすかさず褒めると、この先も自分で考えるようになります。

この指示の仕方は家でも使えます。例えば歯磨きをさせたい場合、

❶指示のみ：「歯磨きしなさい」

❷趣意＋指示：「息をさわやかにするために歯磨きをしよう」
「虫歯にならないように歯磨きをしよう」

❸趣意のみ：「虫歯にならないようにするにはどうすればいいと思う？」

「思ったことをやろう」

指示に趣意を加えただけでも、印象は変わりますよね。

しかし、趣意だけ伝え、行動を自分で考えさせることで〝やらされ感〟はだいぶ減ります。自分の意志でやっているので子どもも満足です。

たとえやるのが当たり前の行動であっても、必ず褒めてあげてください。

指示以外でも、こういった場面に学校ではよく遭遇します。

ある日の算数の時間です。練習問題を解き、僕の所へ見せにきましたが、残念ながらバツがついた子がいました。するとすぐに、「先生、教えて」と言う子がいます。そんな子にはすかさず、

「もうちょっと考えようか」

と、自分で考えることを促しています。

何でもいいからとにかく早く終わらせたい子どもに、この傾向が見られます。**何かを継続するためには、能動的に動く必要があります。**能動的とは、自ら考えて物事に取り組むこと。そうなるためには、**普段から自分の頭で考えさせることが必要**です。

お子さんに自分の頭で考えさせるとっておきの方法があります。

それはお子さんがあなたに何か質問をしてきたときに、すぐ答えるのではなく、こう聞き返すのです。

OK 声かけ

「どう思う?」

お子さんに、無理に答えさせる必要はありません。でも、このように問うことでいったん考えます。それが正解でも不正解でもいいんです。**いったん考えることが大切**なのです。

お子さん自身が感じた疑問に予想を加え、そして答えを知る。この流れが大事です。

学校でノートに考えを書かせるとき、必ず僕は「無回答はなし」と言っています。なぜなら、無回答が許されると考えが浮かばないとき、どうせ後で答えがわかると思い**粘り強く考えないクセがつく**からです。もちろん、「間違えてもいいよ」と何度も言っています。

これと同様に、パパやママが子どもの疑問にすぐ答えていると、子どもが自分で考えないクセがついてしまいます。そんなクセがつかないように、「どう思う？」と聞き返すことは非常に重要です。

まとめ

普段から自分の頭で考えるよう促す

他の手を考えない子ども

家で子どもを見ていると、「なぜその方法？　もっと他にいい方法があるのに！」と思う場面が多々ありますよね。

前までの僕はそういった場面に遭遇するとすかさず、「それはダメ」と否定し、代案を子どもに言っていました。しかし、子どもは浮かない顔。僕はなんでそんな顔するの？　せっかくいいこと言っているのに……と思っていました。子どもに自我が芽生え始めると僕の言葉は無視して、自分のやり方でやろうとします。そして僕はムッとするわけです。

しかし、子ども目線でよくよく考えてみると、ムッとしたいのは子どものほうだというのがわかってきました。

子どもはまだ幼いです。そのため、われわれ大人より考えは浅いです。これは当然のことですよね。

でも子どもは、最善策だと思ってその行動をしているわけです。そんな最善策を否定されたらどうでしょう？　腹が立ちますよね。代案を出されても、素直に受け入れることはできません。


では、どうすればいいのでしょうか？

答えは、**そっと見守ること**です。もうその方法でやらせましょう。失敗しても、時間がかかってもいいんです。その方法ではダメだということがわかったらそれでいいんです。

また、こんな手もあります。あえてその方法を「いいね」と賞賛してから、「こんな方法もあるよ」と言ってみる。子どものやり方を否定してから言うのと、賞賛してから言うのでは、子どもの受け入れ方がまったく変わります。


さらに、**ジャッジしない**こと。つまり、子どもの話にいいとか悪いとか判定しない。

これ、ほんと大切です。

親がいつも子どもの話をジャッジしていると、子どもはだんだん親の求めることのみを話すようになるか、受け身の姿勢で親の意見を待ち、自分で考えなくなります。なぜならジャッジすることで、親の価値観を押し付けているからです。

反対に、ジャッジしなければ、子どもは否定される心配をせず、自分の気持ちをありのままに表現できるようになります。

ですから、普段の子どもの話はすべて、オールオッケーで聞けばいいんです。良いも悪いも言わない。ただただうなずく。それがオールオッケーとなるのです。

まとめ

決して否定せず、やり切らせると次の手を考え始める

文句ばかり言う子ども

小学校の先生をして20年以上経ちますが、毎年クラスに数人、このタイプがいます。

そうです、文句ばかり言う子です。


「宿題多い！」

「算数やりたくない！」

「こんなんできひん！」

若いころの僕は、こういった文句はねじ伏せていました（笑）。つまり、有無を言わせないのです。

「宿題多い！」

『復習しないと身につきません！』

「算数やりたくない！」

『そんなわがまま通用しません！』

「こんなんできひん！」

『逃げるな！』


しかし、ねじ伏せてばかりいると、当然反感を買います。今ならわかりますが、文句をすぐに否定していたから、子どもたちも反発していたのです。

家ではどうですか？　かつての僕のようにすぐ否定で返していませんか？

「ダメ！」

「あかん！」

「口答えするな！」

今の僕は、子どもの文句に怒りません。

と、まず受け入れます。するとやんちゃ坊主の子どもたちは、えっ！となります。

あれ、言い返してこないと。

子どもの文句に「理論」で返していると、子どもは負けるものかと理論で勝とうとしてきます。まあ、その理論は屁理屈が多いのですが（笑）、勝っても負けても泥仕合。子どもに逆恨みされるだけです。

そうではなく、**子どもの言葉をまず受け入れる**。そういった姿勢が大事です。受け入れると、同じ返答でも子どもの態度が変わります。先の例でいうとこうなります。

「宿題多い！」

『多いか』

「多いです」

『どうしてそう思うの？』
「習い事があって、いつも夜遅くになります」
『なるほど。だから多いと思うんやね』
「はい」

このように**子どもの話を否定せず、どうしてそう思うのかを聞いてみると、子どもの背景がわかる**ことがあります。

もちろん、習い事があるからといって宿題を減らすわけにはいきませんが、むやみやたらに子どもが言っているわけではないことがわかります。その上で、気持ちは理解できるけれど、その理由では宿題は減らせないことを淡々と言うと、納得してくれます。なぜなら、宿題が多いという意見をこちらが一度受け入れているからです。

一つひとつの文句を丁寧に聞いていると、だんだんと文句はなくなります。クラス替え直後の4月当初にあった文句は、だいたい4月中旬でなくなります。しかし、若かりしときの僕は、子どもの文句に真っ向勝負でぶつかっていたので、1年後の3月まで子どもの文句と戦い続けていました。

継続しているとうまくいかないことが重なり、ついつい文句を言ってしまうことがあります。そんなときに親御さんがお子さんの言葉をしっかり受け止め、どうしてそう思うのかを聞くことで、文句が前向きな気持ちに変わります。

子どもが文句を言うときは、総じて満たされていないとき。満たされない気持ちを文句という形で表しているだけです。だから**本心でないことが多い**のです。

先の宿題の例も同じで、本気で宿題が多いとは思っていません。文句は、「習い事で忙しいのに、僕がんばってるんやで」というアピールでもあるのです。

まとめ

文句は否定せず、受け入れる。その後、こちらの意見を言う

人のせいにする子ども

「お母さんのせいや！」

「弟のせいや！」

何でも人のせいにしてしまう子がいます。こう言われたらとても腹が立ちますよね。

僕もたまに「先生のせいや」と言われることがあります。

でも、どう考えても、自分は悪くない場合もあります。どうして人のせいにしてしまうのでしょうか？

実は、**腹立たしい気持ちを誰かにぶつけたいだけ**ということがあります。うまくいかない歯がゆい気持ちをぶつけてきているわけです。

しかし、このように人のせいにばかりしているとクセがつきます。「自分ができないのは、誰々のせい。だから自分は悪くない」。そして、それが言い訳となり継続することをやめてしまう要因になりかねません。

このケースも、前節同様、どうしてそう思うのかをまず聞きます。

「お母さんがこうしろと言ったから」
「お母さんがこう言ったからだ」

こう言われると、「なんだと、もう1回言ってみろ！」とけんかをしたくなりますが、

「そうですか。はい、わかりました」

と言えばそれで終わりです。だまされたと思って言ってみてください。

子どもは、自分が満たされない気持ちを表現しているにすぎないので、本心では

「お母さんのせいだ」と思っていないことがほとんどです。

人のせいにしてしまう子は、自分のイライラを人のせいにすることでなくそうとしています。そこで、先のように「もう1回言ってみろ」と言ったところで火に油を注ぐようなものです。言い合いが加熱するだけで解決には至りません。

そんなときは、もう何も言わないのがベストです。

「あなたはそう思うのね」

これで終わりです。こちらの意見は言いません。

すでに子どもは感情的になっていて、冷静な判断ができる状態ではないので、正論を言っても無駄です。正論は落ち着くまで絶対に言わず、落ち着いた頃合いを見て、話をします。

また、親が子どもに注意するときのコツがあります。それは、**意見を言った後、「ママ（パパ）はこう思う」と最後に言う**ことです。

先のケースを例に考えると、

NG 声かけ

「人のせいにするな！」

これでは命令口調となるので、子どもは反発したくなります。

OK 声かけ

「人のせいにしないほうが、お母さんはいいと思う」

このように言うと、命令されている気になりません。あくまでママの意見を聞いただけとなり、判断は子どもに任せる形になります。子どもの気持ちが落ち着いてから、自分の意見を言うというスタンスで注意しましょう。

まとめ

人のせいにするのは、自分が満たされていない気持ちの表れ
子どもに注意するときは、命令ではなく、意見を言うスタンスで

消極的な子ども

さて、この章も終わりが見えてきました。今まで、学校で出会う子どもたちを中心にお話ししてきましたが、ここでは自分の子どもの話をしようと思います。

実は、僕の息子は一度、不登校になったことがあります。息子が小学3年生のときでした。朝、突然「学校に行かない」と言い出したのです。とても驚きました。どうして学校に行きたくないのかを聞いても答えてくれません。仕方なくその日は学校を休ませました。

最初はすぐ行くようになるだろうと思っていました。しかし、そうはいきませんでした。そこで、いろいろな手を尽くしました。

●学校に行かない理由を聞き、対策を考える

- 学校に行かなくてはならない理由を話す
- みんな学校に行きたくないと思うときがあると共感する
- 学校に行かなければ将来大変なことになるとおどす

まず、理由を聞きました。ところが、どう聞いても返事はあいまいです。特定の教科が嫌だと言うのでその教科は受けなくてもいいと言ってもダメでした。いじめや友達関係かと聞いてもそれは違うと答え、担任の先生に聞いても、それはなかったと同じことを言う。

学校になぜ行くのか？　学校に行かなければ、将来の選択肢が減るなんて話はまったく通用しません。「お父さんもお母さんも学校に行きたくないときあったわ」と言ったところで、よしっ！　じゃあ学校に行く！　なんてことにもならず。

どれも効果はゼロ。むしろ、息子の状態はひどくなりました。**こちらがアプローチすればするほどひどくなりました。**

僕たち夫婦は覚悟を決めました。〝長期戦〟になる、と。すぐに行かせようとせず、違う方法を探ることにしました。

学校に行かなくなり、すぐ夏休みがきたこともあり、良さそうなものを、何でも試しました。

一緒に玄関を掃除したり、家に神棚があると良いと言われて設置したり、漢方が効くと言われ飲ませたり、旅行に行ったりしました。

旅行では久しぶりに息子の笑顔を見ることができました。これで夏休み明け、行ってくれるかも。そう思っていましたが、行きませんでした。

2学期の途中、息子の小学校で面談をしました。そこで、不登校担当の先生から衝撃の一言を言われます。

「○○くんは、簡単なことも一人で決めることができません」

不登校担当の先生と息子が家の周りを散歩中のことでした。道が分かれていて、

「どっちに進む？」とたずねたそうですが、それに答えられなかったそうです。散歩の途中、右か左か聞かれて答えられない。ハッキリ言ってどっちでもいいのですが、答えられない。

僕はそれを聞いて、はっとしました。

「道（レール）を与えすぎた」

- 息子が何かできなかったり、困っていたりすると、すぐ手を差し伸べる
- 外で息子が近所の人に黙り込むとすぐこっちが答える
- 息子が困りそうなことを先回りして教えてしまう
- 不登校に関しても、こちらから対策を与えるばかり

僕たち夫婦は、**息子に自分で考えさせる余地を与えていなかった。**

「これからは、小さなことからでいいので、自分で考え、行動させるようにしてください」

一つの方向性が決まった瞬間でした。

今日からは、息子に自分の頭で考えさせよう。

しかし、なかなかうまくいきませんでした。頭ではわかっていても、ついつい手を差し伸べてしまうのです。

ある日、担任の先生がやってきました。そして息子にたずねました。

「今日は、何をしていたの?」

「……。」

すると、すかさず2秒くらいで僕が、

「宿題やってたやん」

と答えてしまいました。そのとき、あっ！　と、またやってしまったと、だまっていればいいのに、聞かれているのは息子なのに、ついつい代わりに答えてしまう。意識していてもこれです。

また、別の日、お風呂に入っているときのことです。

「明日はどうする？」

「……。」

２秒くらいでまた僕が、

「朝から無理やったら、３時間目からでもいい。体育はある？　あったら体育だけでもいい。なんやったら５時間目からでもいいで」

すぐ提案。早口でまくしたてる。いかん。これでは、子どもの考える余地がない。だまれ！　口をふさげ！

今までを振り返ると、僕には聞く力が欠けていることがわかってきました。

●すぐ答えを求める
●答えないと別案を出す

僕がやることはただ一つでした。

それは、待つこと。

息子が答えるのをただ待つ。それだけでした。


そこから徐々に、息子は変わりました。

最初は沈黙が長かったのですが、だんだん短くなりました。**一番変わったのは、表情がよくなったこと**です。


消極的で、自分では何も決められなかった息子は、その後、自分で学校へ行くことを決め、今では元気に登校しています。

消極的なのではなく、**僕たちがそうさせていた**のです。今は、自分のことや学校で

の出来事をよく話します。僕は、その話をうんうんと聞くだけです。

僕が息子の不登校の件から学んだことは、たくさんありました。
それは普段から子どもの話に耳を傾け、聞くことに徹し、ジャッジしない。また、話だけではなく、行動もそうです。すぐこちらから手を差し伸べない。必ず、自分で考える余地を与える。そして、その判断を受け入れる。
親子一緒に学ぶことのできた出来事でした。

まとめ

子どもが決めるまで待つ
子どもの話はすべて受け入れる

第3章

継続のコツ

「自分の頭で考えろ」だけでは継続力は育たない

第2章で、自分の頭で考えるようにさせることが大切だと書いたところでこのタイトル。ちょっとびっくりされた方もいるかと思います。しかし、継続力に関しては慣れるまでは一緒に考えてもらいたいのです。

そもそも人は、どのようにして物事を考えているのか。それは**過去の経験や体験**からです。だから、何かを継続させたいなと思ったとき、

- 今度こそ、意志をしっかり持ってやる！
- やる気を出す！

というように、「意志が弱かったから続かなかったんだ」「やる気があれば継続できたはずだ」などの過去の経験や体験から目標を考えます。

みなさんはもうご存じですね。継続に意志力ややる気は必要ないことを。そして、それだと余計に失敗することを。

継続と聞いて、

「うわっ！　苦手！」
「絶対できない！」
「難しい！」

と思うのは、過去に継続できなかった経験やしんどかった体験があるから、足踏みしてしまうのです。
つまり人は、無意識に過去の経験や体験から物事を考えているのです。

継続にはコツがあります。今からそのコツをお伝えしますが、順番通りにお子さんと一緒に考えてください。そして、**最初は簡単なことから始めてください**。もしくは、

やることをできるだけ小さくして始めてください。

「やった！　できた！」
「続けられた！」
「こんなことができるなんて思わなかった！」

こういったお子さんの声をそばでニコニコしながら聞くパパとママ。お子さんの達成感、満足感を一緒に味わってください。

まとめ

継続は慣れるまで一緒にやる

継続のコツ①　ゴール（目標）を明確にする

まず継続するためにすることは「ゴール（目標）を明確にする」ことです。ゴールとは、**お子さんが継続して成し遂げたいこと**です。勉強するにも、運動するにも、ゴールがないとがんばることができません。

もしもゴールのないマラソンがあったとしたら、あなたはがんばれますか？

よーいどんで、スタートはしたものの、いつになってもゴールテープが見えない。走っても走ってもゴールは見えない。誰かにゴールはどこですかと聞いても、答えてくれない。一体、何のために自分は走っているのだろう。疲労とともにこんな感情がわき上がってきます。ゴールはどこだ？　疲れてきた。もうやめよう……。

ゴールを考えていない継続は、まさにこのマラソンと同じことです。しんどくなったときにがんばれないのです。逆にゴールが明確だと、疲れたときにがんばることができます。

先のマラソンの例でいうと、

「あと半分だからがんばろう」
「あと1キロだから、ラストスパートだ」
「ゴールの達成感を得るためにやり切るぞ」

このように、あとどれだけがんばればいいかがわかるからこそ、ゴールしたときの達成感を知っているからこそ、人はがんばることができるのです。ですから、まずゴールを決めることが必要です。

学校では、国語、算数、理科、社会、体育、図工、外国語などすべての授業におい

て、最初に必ず今日の「めあて」（個人目標）を確認します。めあてとは、今日の授業の終わりにこれが理解できればオッケー。もしくは、今日の授業の終わりにこれが完成していればオッケーなどです。

毎日くり返し行われる授業では、最初にきちんとめあてを確認しないと、途中で何のためにこれをやっているのかがよくわからなくなったり、惰性で授業を受けてしまいます。ですので、この授業のはじめにやるめあての確認は非常に大切です。

ゴール（目標）設定の大切さがわかったところで、実際に目標を考えてみます。

●テストで良い点を取る
●早寝早起きをする
●習い事の野球で活躍する

どれも良い目標ですね。しかし、この目標ではダメです。

なぜなら、この目標だとどうなったら目標達成なのかがわからないからです。

「テストで良い点って何点のこと？」
「早寝早起きって何時に寝て、何時に起きたらいいの？」
「野球で活躍ってどうなったら活躍といえるの？」

ゴール（目標）は明確でなければいけません。今回の場合なら、これくらい明確にしましょう。

- テストで90点以上取る
- 夜9時に寝て、朝6時に起きる
- 習い事の野球で四番打者になる

ポイントは、**必ず数字を入れる**ことです。数字が入ると、一気にゴールが明確になります。

テストの場合、90点なら目標達成で、89点では目標未達成だと、誰が見ても達成したかどうかの判断ができます。

早寝早起きも同じです。夜９時に寝ることがハッキリと示されているので、守りやすいですし、言い訳防止にもなります。目標が「早寝」だけだと、ついつい夜９時を過ぎてもあと10分くらいいいかなと自分を甘やかしてしまうことがあります。ひどい場合、10時でも早いほうだよなとどんどん自分を正当化してしまいます。

このように甘えが出ないよう、隙を作らないために数字を入れて明確にすることが大事です。

さらに、**ゴール（目標）は遠すぎては絶対にいけません。**

つまり、目標が大きすぎて今の自分に合っていないものでは、ゴール達成のハードルが上がってしまいます。

先ほどの目標を例に考えます。

テストで90点以上取ることをゴールに設定しました。しかし、前回のテストが50点だったならば、この目標は高すぎます。次のテストでいきなり40点アップは現実的ではありません。直近のテストが50点だったのなら、まず70点（60点でもいいくらい）を目指すべきです。

仮に、次のテストで75点取れたとします。すると子どもはこう思います。ゴール（90点以上）に15点も足りなかった、と。「自分はダメだ。こんなにがんばったのに……」と落胆してしまいます。

でもよくよく考えてみてください。前回のテストが50点で、今回が75点です。25点も点数がアップしています。これってすごいことですよね。しかし、ゴール設定を誤るとせっかくの挑戦がマイナス方向に行ってしまう可能性があります。

また、習い事の野球でもよく「四番打者になる！」と子どもは言いがちですが、現在は補欠だとしましょう。そういった場合、まずはレギュラーになることをゴールにするのが先決です。四番打者はそのあとでも十分です。

子どもは自分の能力を考えず、ゴールを決めがちですので、そこは親がコントロールしてあげましょう。

ゴールを今の自分に合ったものにするといい理由はもう一つあります。

それは、**小さな成功体験が得られる**ことです。

成功体験は次へのモチベーションとなります。スモールステップは継続のコツの重要なポイントの一つです。だからこそ、今の自分に合った、地に足の着いたゴールを掲げることが大切です。

そして、その**ゴール（目標）は紙に書いてください**。壁に貼るなりして、いつも目につくようにしてください。

なぜなら**人はすぐ忘れる**からです。

ちなみに、あなたは今年の正月に立てた目標を覚えていますか？　もしも覚えているとしたら、あなたは稀有《けう》な存在です。なぜなら、ほとんどの人は目標を忘れてしまうからです。

ちなみに元日に立てた目標をいつ忘れたかまで考えたことがありますか。翌日、つまり1月2日に忘れている可能性もあるのです。

さすがにそんなに早くはないよ、と思った方もいるかもしれません。しかし、こんなデータが存在します。


ドイツの心理学者・エビングハウスが提唱した「エビングハウスの忘却曲線」によると、人の記憶は時間が経つほど忘れてしまうもので、一日経てば74％のことを忘れるそうです（下図）。

夢や目標を忘れるなんて……と思われるかもしれませんが、これが現実なのです。

しかしながら、復習する（意識的に思

エビングハウスの忘却曲線

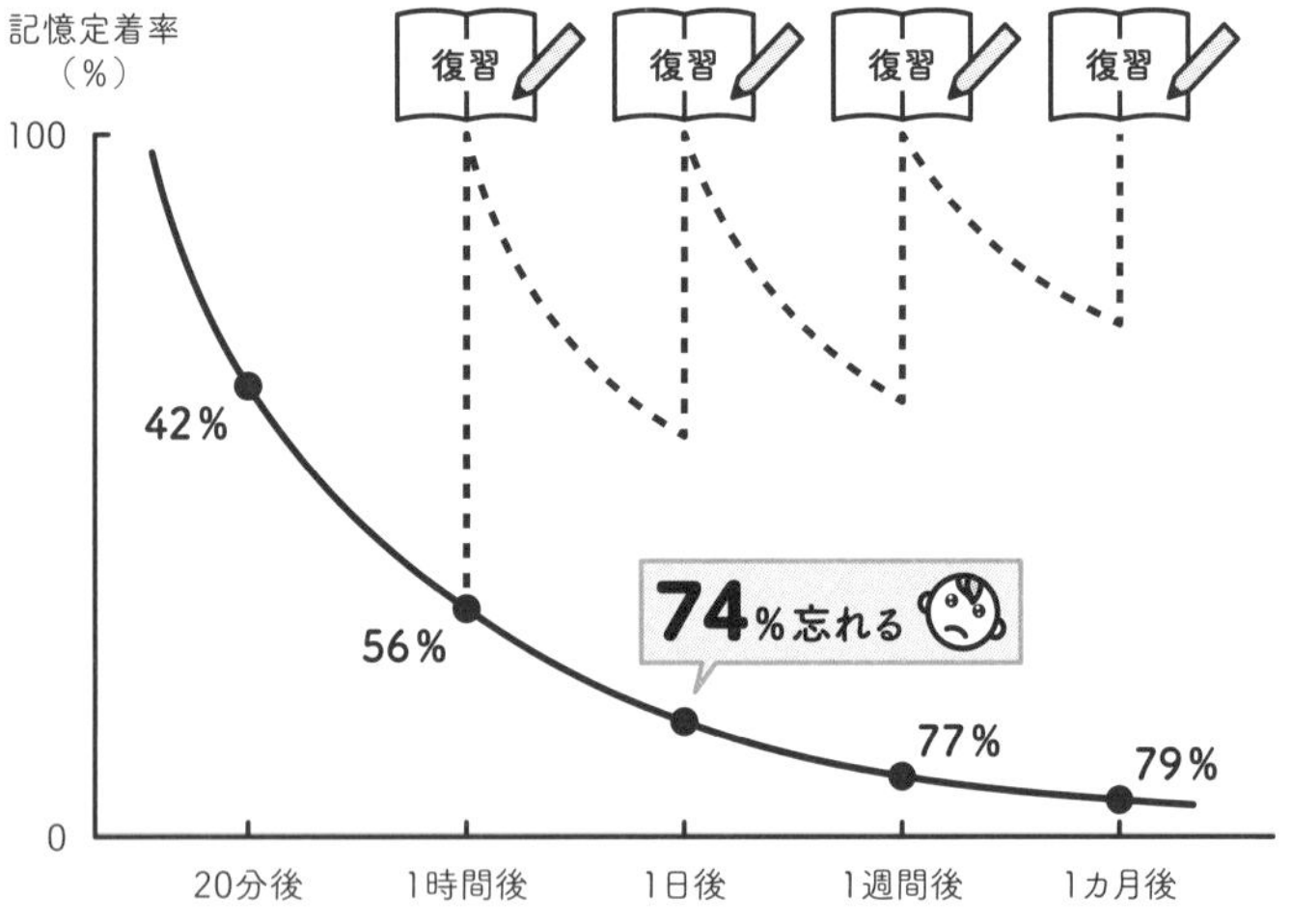

い出す）たびに、その目標は記憶に深く定着していきます。

だからゴールを紙に書くことが大事なのです。何度もその紙を見て、自分の成し遂げたいことを確認するのです。

ゴールを書いた紙を貼るために最適な場所は、

- トイレの壁
- 玄関のドア（自分の部屋があるのならそのドア）

です。ここは必ず見る場所だからです。特にトイレは最高ですね。立ち止まって読めるので、その都度ゴールを意識することができます。

さらに、その**ゴールを声に出して毎日読むと頭に定着して、叶いやすくなります。**恥ずかしければ最初は小声でオ

ッケーです。そのうち慣れてくれば大きな声で読めるようになります。
学校でもよく月目標を朝の会で唱えさせます。それは月目標を覚えることはもちろんのこと、声に出すことで頭に定着するからです。

まとめ

ゴール（目標）は必ず数字を入れて明確にする
ゴールは忘れないように紙に書いて壁に貼る

継続のコツ②　期限を決める

ゴール（目標）を決めたら、次に何をするか？

それは、**いつまでに達成するか「期限」を決める**ことです。期限がないとズルズルと先延ばしにしてしまう原因となります。

先延ばしを防ぐこと以外に期限を決めるとなぜいいかというと、「締め切り効果」が期待できるからです。締め切り効果とは、締め切りが近づくことで人々の行動やパフォーマンスが改善する現象を指します。

みなさん、こんな経験はありませんか。

会社や学校で提出しなければいけない書類（レポート）の提出期限は明日です。それに気がついたのは、なんと夜の10時。冷や汗ものの最大のピンチです。

しかし、時間がないからこそいつもより集中して取り組むことができ、普段ならもっと時間がかかるはずの書類をあっという間に片づけることができました。
僕はこういった経験が過去に何度かあります。「火事場の馬鹿力」ってやつです。人は窮地に追い込まれたときに大きな力を発揮することがあります。ヒヤヒヤする体験は二度としたくはありませんが、締め切りのパワーは侮れません。

期限は、このように決めます。

●次回のテストで、90点を取る
●1週間で、逆上がりができるようになる

期限を決めると、それまでに何をしなければいけないのかを計画しやすくなります。

逆上がりができるようになることがゴールだとしたら、期限の設定は次の通りです。

❶逆上がりができるようになる（期限を設定しない）
❷1週間で、逆上がりができるようになる

❸3週間で、逆上がりができるようになる

どうですか？　三つとも逆上がりができるようになるというゴールですが、ニュアンスが変わったと思いませんか？

❶だと、目標を達成するまでの過程をいまいちイメージできません。しかし、❷と❸は期限までに何をしなければいけないのかが自ずとイメージできます。

さらに、❷だと練習を結構がんばらないといけないなと感じたり、❸だと余裕があるなと感じたり、それぞれでゴールまでの道のりが想像できます。この「イメージ」が大事なのです。

最初のころは、余裕のある期限設定のほうがいいかと思います。なぜなら人は計画を立てるときに所要時間を甘く見積もって計画してしまいがちだからです。

かくいう僕自身もよく楽観的に計画を立ててしまい、最後に慌てるなんてこともしばしばあります。だから計画を立てる際は最悪の場合を想定して、想像より緩やかな計画を立てるように意識しています。

また、この期限が達成できなかったとしても、はじめのうちは落ち込むことなく期限を再設定すればいいです。

そんな甘くていいの？と思われた方もおられるかもしれません。

しかし、この期限設定は何度もやり切ることを体験、経験すればするほど研ぎ澄まされていくものです。ですので、まだ体験や経験が浅い段階ではちょうど良い期限を設定するのは難しいので、親子で決めていくのがいいでしょう。

継続できない理由の一つに、「完璧主義」があります。

しかし、すべてを完璧にはできないのが人間です。期限を守れなかったとき、一番怖いのは、もういいやとやめてしまうことです。第2章の「すぐあきらめる子ども」（54ページ）でもお伝えした通り、**失敗は学びや成長の絶好の機会**。期限を過ぎてしまったのであれば、また次の期限を作ればいいだけのことです。

大事なのは、ゴール（目標）のために毎日何をやったかという過程です。そこに重点を置いて、結果に左右されず、期限を再設定しましょう。

また、ゴールが次のような習慣の場合、

- 毎日読書を15分する
- 毎日縄跳びを10分する
- 毎日くつをそろえる

期限を**1カ月**と設定してください。なぜなら、行動習慣は1カ月で習慣化するといわれているからです。

まとめ

期限を決めるとゴール（目標）を達成するまでの過程が見えてくる

継続のコツ③
ゴール（目標）を達成するために何をするのかを考える

これまで、ゴール（目標）を明確にし、その期限を決めました。

次にすることは、**ゴールを達成するために何をどれだけするのか**です。具体的に何をするのかを考えます。

先の例で見ていきましょう。

【ゴール】　算数のテストで90点以上取る
【期限】　次回のテスト
【やること】毎日、算数の復習を20分する

【ゴール】　逆上がりができるようになる
【期限】　3週間

【やること】逆上がりの練習を毎日15分する

多くの人は、完璧に計画を立てようとします。例えば、復習する算数の教科書のページ数まで考えるなどです。ひどい場合、完璧に計画が立ってないからやらないという人もいます。

三日坊主よりひどいのは計画を完璧に立てて満足してしまい、一日もやらないことです。**まずやる**。そして、**やりながら次の行動を考えていくことが重要**です。

見切り発車カモンです！

やると現状がわかります。現状がわかると、地に足の着いたゴールや今後の計画を立てることができます。

余談ですが、僕が現在塾長を務めている継続アカデミーは、完全に見切り発車でした。見切り発車すぎて、初月の

塾生さんは2名でした。今でこそ60名ほどいるのですが、最初の結果から改善を重ねに重ね、現在の人数となっております（2024年2月現在）。**先の見えないことに挑戦するとき、だいたいは計画通りにいかないものです。**ですから、ゴールを達成するためには、今の自分ができそうなことをまずやってみましょう。

また、テストの点数を上げるためにドリルで勉強したり、逆上がりができるようになるために練習をしたりするのはもちろんなのですが、**独学でやらないということも大事**です。

なぜなら**自分だけでやると、時間がとてもかかる**からです。

今の時代、逆上がりのやり方は、ユーチューブで検索するとたくさん出てきます。その道のプロの方（体操教室の先生など）が、動画でとてもわかりやすく教えてくれます。逆上がりを細分化し、ポイントごとにそれぞれのコツを実際の動きとともに教えてくれるので非常にわかりやすいです。映像で視覚に訴えてくるので、動きがイメージできます。さらに練習の方法まで教えてくれます。

また、習い事の野球で四番打者になるというゴールを設定したとします。そのために毎日素振りを50回やると決めました。

わが子が毎日、外へ出ていき、黙々とバットを振っている姿は親としてとても誇りに思います。ただし、その素振りがきちんと実る努力なのかは見ておく必要があります。監督やコーチにアドバイスを求めたり、ユーチューブなどで正しいバッティングフォームを教えてくれる動画を確認したりするのはマストでしょう。

まとめ

まずやってみることが大事
独学でやらず、ユーチューブなどでできている人に教わる

継続のコツ④　いつやるかを決める

さて、継続のコツも四つ目となりました。

実はこの四つ目が**一番大事**だといっても過言ではありません。しかも一番大事なのに、多くの人が見過ごしがちなことでもあります。ここは絶対に取りこぼさないようにしてください。

いつやるかを決めるというのは、具体的にいうと〝**一日のうちで**〟**いつやるのかを決める**ということです。

みんなここをすっ飛ばし、「やる気があるんだったらいつやってもいいじゃん！」「やる気が出たときにやったほうが集中できる！」などと言ってしまうのです。

思い出してください。継続にはやる気や意志力は関係ありません。むしろ、やる気や意志力に頼るからできないのです。大事なのは「**仕組み化**」です。

その仕組み化の代表ともいえる方法を今から紹介します。
それは、「**イフゼンプランニング**」という方法です。イフゼンとは、

【イフ】（if）もし「○○」だったら
【ゼン】（then）「△△」する

という意味です。例えば「朝起きたらやる」「学校から帰ってきたらやる」といった具合で、いつやるのかを決めるのです。

この方法をもとに、お子さんがやると決めたことを「**○○の後に△△する**」と決めましょう。「○○」は、「朝ごはんを食べる」「歯磨きをする」といった**すでに習慣化していることとか、毎日必ず起きる（行う）ことから決める**のが大事です。

一度、お子さんと一緒にすでに習慣化していることや必ず起きることを紙に書いてみてください。

習慣・必ず起きることを書き出そう

そして、紙に書いたすでに習慣化していることや必ず起きることで、実行できそうな後にやると決めてください。

例えば次の通りです。

●学校から帰ったら、素振りをする
●宿題を終わらせたら、算数の復習をする
●歯磨きしたら、九九を唱える

あまりおすすめできないものもあります。それは、**ゲームと食事の後**です。

ゲームは思った以上に目や頭が疲れます。よく「ゲームしたら宿題する」と子どもは言いがちですが、これはなかなかしんどいものです（ほとんど集中して宿題はできません）。それがわかっているので、わが家では宿題が終わっていないとゲームができないルールにしています。

食後も、お腹が満たされて眠たくなるなどがあるので、集中してやらないといけないことはおすすめできません。

ちなみに、このイフゼンプランニングは面倒くさい家事でも使えます。

僕は以前、洗濯物を取り込んでたたむことが本当にできず、いつも寝る前にしぶしぶやったり、ひどいときは忘れていたりしました。しかし、すでに習慣化しているお風呂の後にやると決めてからは、忘れずにできるようになりました。

さらに今ではなんと面倒くささもありません。**習慣化さえすれば、面倒くささも消える**のです。

三日坊主で終わらないために、一日のうちでいつやるのかをハッキリと決めてしまいます。いつやるかが決まっていないから忘れてしまうので、すでに習慣化していることか必ず起きることの後にやると決めましょう。

一週間くらい決まった時間にやっていると、体が慣れてきます。この神テクニックを実践すればわかりますよ。

まとめ

いつやるかは、すでに習慣化していることか必ず起きることの後にやる

継続のコツ⑤　やらないことを決める

やることを決めるより大事なのではないかと密かに思っているのが、「やらないことを決める」です。

このコツは、お子さんというよりは、パパやママにだけ関係のあることです。なぜなら、子どもは自分のやりたいことを率先してやる性質があるので、継続することに興味・関心があれば、やらないことを決める必要はないからです。

夢や目標を叶えるために継続しましょうという話をすると、「そもそも時間がない」と言う人が必ず出てきます。

とてもよくわかります。家事やご近所付き合い、習い事の送り迎えなど、さらに仕事をしている人は本当に時間がないのでしょう。だから、休日くらいは趣味などの自分のやりたいこともしたいし、休息も取りたいですよね。

働きながら子育てをしている人を僕は尊敬します。わが家も共働きですので、家事は分担しています。ママに対してパパが「家事を手伝うよ」なんて言ったら、おかしいだろ！と怒りがわいてくるのも非常によくわかります。

そんな慌ただしい状況では、もしかしたらお子さんと一緒に継続するステップを踏むのでさえ、しんどいかもしれません（だからこそ、そういう方にここを読んでほしいのです）。とはいえ、時間があったらやりたいな、時間ができたらやろう、と思っている段階ではほぼ実現しません。

しかし、本当に時間はないのでしょうか？

共働きでもしっかりと自分の時間を確保している人もいます。それはなぜでしょうか？

答えは、「**何かをやめている**」からです。

一日は24時間です。これはみんな平等に与えられた時間です。新しいことをやる場合、今までやっていたことを削る必要があるのは言うまでもありません。

一方を選ぶともう一方は選べなくなる

「トレードオフ」という言葉をご存じでしょうか？　トレードオフとは、**一方を選ぶともう一方は選べなくなること**です。

本当にお子さんを脱・三日坊主させたいのであれば、パパ・ママも協力して、時間を作りましょう。そのために何かをやめましょう。

お子さんだって、ゲームもしたいし、友達とも遊びたい、習い事もしたいし、挑戦もしたい。でも、**全部をやることはできません**。必ず何かを削る必要があります。

一度、親子で一日にやっていることを次のページを参考に、平日と休日に分けて紙に書いてみてください（一週間、やったことをメモするのもおすすめです）。紙に書くことで今何をやっているのかがわかると思います。

これはご自身の行動だけでも、ぜひともやってみてください。思わぬ気づきが必ず出てくるはずです。

1日にやっていることを書き出そう【平日】

時　間	やっていること

1日にやっていることを書き出そう【休日】

時　間	やっていること

いかがでしたか？　結構、無駄なことって多くないですか？　もしくは時間をかけすぎていることや逆にヒマが多いとか。現状を把握すると、さまざまな対策を考えることができるようになります。

実は、僕自身もこれをやりました。夢や目標を叶えることができず、いつも中途半端に終わっていたころの僕がやっていたことはこちらです（家事や子どもと一緒に遊ぶなどの時間は除く）。

【平日、仕事から帰ってきたら】

- 夕食でビール
- 酔っぱらってテレビやユーチューブをダラダラ見る
- 酔っていないときはゲームやマンガ

【休日】

- 暇があれば、ショッピングモールで散財

- 夕方からビール
- ゲーム、マンガ、テレビ、ユーチューブ

こうして書き出すと、かなり堕落した時間の使い方をしていたと今では思います。そこで、僕が行ったことは、夜の9時すぎに子どもと妻が寝るので、そこから2時間半は、テレビ、ユーチューブ、ゲーム、お酒をやめることでした。

そうです。**すべては夢や目標を叶えるため、継続するため**です。

みなさんも好きなことがあると思います。しかし、トレードオフの考えを思い出してください。何かを得たければ、何かを捨てなければいけないのです。

勘違いしてほしくないのは、ストイックになれと言っているのではないということです。**継続するためにゲームを絶対するな！　やりたいことを我慢しろ！というわけではありません。**

実際、僕もやりたいことをやっていなかったのは、夜の9時から寝るまでの間だけ

です。9時までは〝家族タイム〟と決めていたので、ゲームを子どもと一緒にやりましたし、テレビも見ていました。

ココ！という【継続のコツ④】で決めた時間だけは、他のやりたいことは我慢してください。そのためには、トレードオフという考えがしっかりと納得感を持って頭の中にあることが大事です。

さらにトレードオフは、無駄な時間を削るということだけではありません。先ほどの例では、ゲームやマンガ、お酒など娯楽を削ることがメインとなっていましたが、とても有益で価値のあることも実はトレードオフには含まれます。例えば資格の勉強、映画鑑賞やガーデニング、ヨガなどの趣味の時間も、場合によっては削れる時間です。何かを始めるには、価値のありそうな何かをやめる必要もあるのです。やめることを考える際は、そのことも頭に入れて考えましょう。

まとめ

何かを始めるには、何かを削る必要がある

継続のコツ⑥　振り返りをする

これまでにお伝えしてきた継続のコツをおさらいします。

❶ゴール（目標）を明確にする
❷期限を決める
❸何をするのかを考える
❹いつやるかを決める
❺やらないことを決める

ここまではセットです。そして、**決めたら即行動開始**です。
ここでしっかりと行動できたならば、お子さんは本当に優秀です。素晴らしい！
なぜなら、**行動しない人がほとんど**だからです。

夢や目標を持つ人が1万人いても、挑戦する人はそのうちのたった1%である100人。そして、その挑戦者のうち、継続できる人はたったの1%、つまり1人だといわれています。

目標達成のために継続できる人は、1万人に1人しかいないのです。

序章でもお話ししたように、人の脳は新しいことや変化を嫌う習性があります。その人としての本能に負けず、**挑戦すること自体に価値がある**のです。

そんな挑戦を途中で投げ出さないための、そして最短でゴールするための、六つ目のコツは、「振り返りをする」です。

継続できる人は1万人中1人

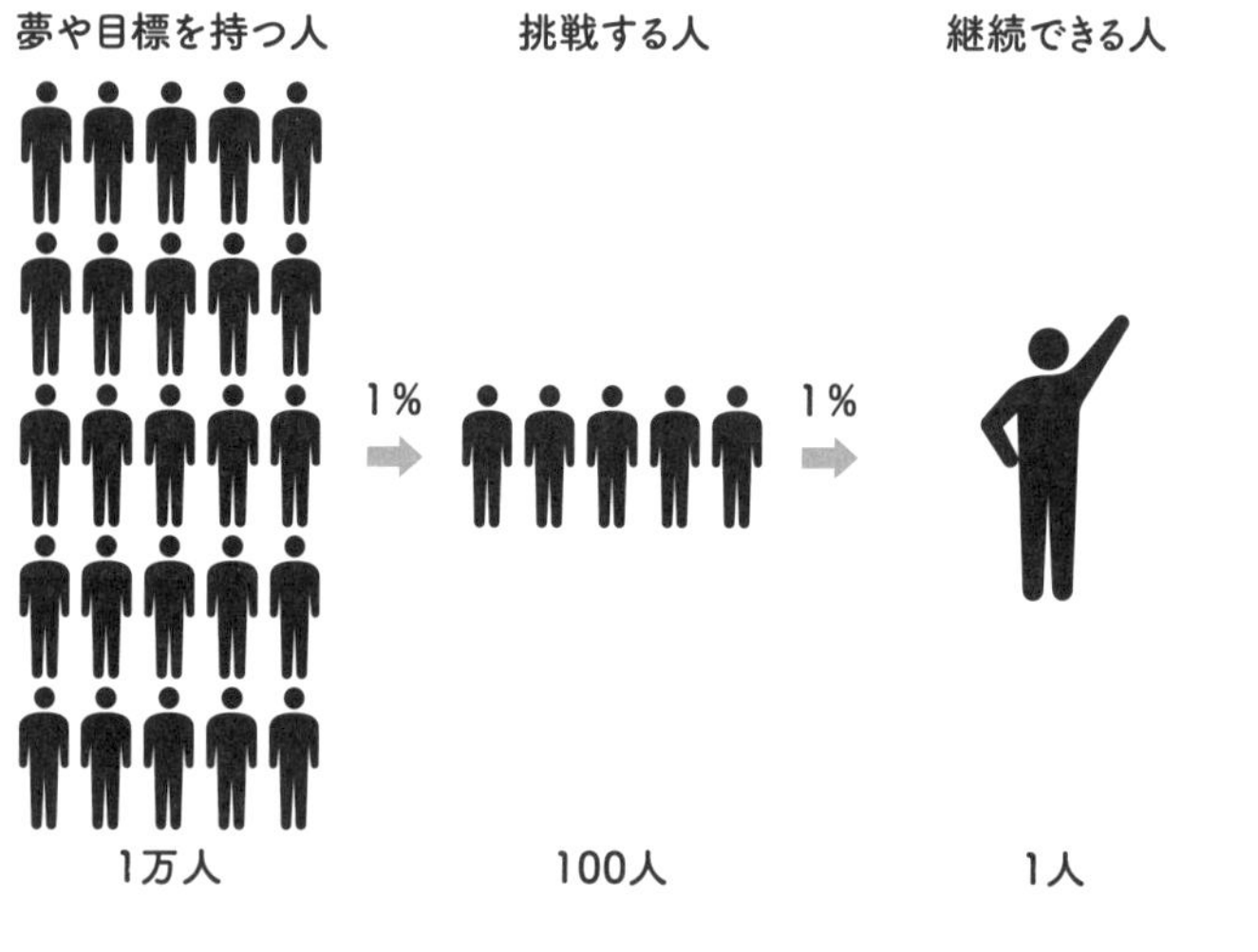

自分の行動を振り返ることで、ゴール（目標）までの距離を確かめます。また、今やっていることが正しいのか、ゴールまでの方向は合っているのかを確認できます。ただがむしゃらに猪突猛進で、振り返りをまったくしないのは危険であり、なかなか成果が出ないと途中でやめてしまう原因となります。

例えば、出発地が東京で目的地は北海道であるのに、現在地が大阪だとしたら、努力の方向がまったく違う方向に行ってしまっているということです。やればやるほどゴールは遠ざかってしまい、文字通り努力が水の泡となってしまいます。ですので、こうならないように必ず振り返りをしましょう。

振り返りをする上で、注意点があります。それは、**良かったことから振り返る**ことです。この順番は絶対に間違えないでください。

先に改善点を話すのではなく、必ず先に良かったことを話しましょう。そうすることで改善点に対するお子さんの聞き入れ具合が**天と地ほど変わります**。

学校での最大の振り返りといえば、通知表です。

僕の学校では、まず通知表は保護者に懇談で見せることになっています。そのときも僕は必ず良かったところの話を先にします。そして、その後気になったところや次の学期で改善してほしいところの話をします。

また、振り返りはまずお子さんから聞き出してください。

「今日、やってみて良かったところは何かな?」

これだけで大丈夫です。

そして次にパパ、ママが見ていて良かったことを言ってあげてください。ポイントとしては、結果を褒めるだけでなく、過程も褒めることです。

「毎日継続していてえらいね」

もしも特に進展がなくても、継続していること自体を褒めてあげてください。**振り返りで、「また明日もがんばろう！」とお子さんに思ってもらうこと**が大切です。

次に、ぜひともやってほしいことがあります。用意するものは百均のカレンダーとシールです。

継続できた日にシールを貼る。ただそれだけです。最初はシールが一つだけですが、毎日続けることで枚数が増えていきます。これにより視覚的に毎日の積み重ねがわかります。

マンガ、お菓子の付録のカード、プラモデル、カプセルトイ、好きな映画グッズ、ゲームのキャラクターグッズなど何でも集めるのは楽しいですよね。

これと同じでコレクション的な要素もあり、継続することのモチベーションにもつながります。

僕のクラスでは、自主学習ノートをやってくると、ノートの表紙にシールを貼るようにしています。たったこれだけの工夫で、子どもは自主学習を積極的にするようになりました。

また、ゲームでは、フィットネスや脳トレ系のものは終わると必ずカレンダーにスタンプを押す作業があります。

こうやって自分のやってきたことを見える化できるとうれしいもので、さらに続けたくなるわけです。こういう仕掛けはどんどん取り入れるべきです。

まとめ

振り返りは良いことから始める

継続できた日はカレンダーにシールを貼る

継続のためのライフハック

ここでは、継続のコツがより効果を発揮するようなことを伝えていきます。ぜひとも親子で実践してみてください。

そもそもライフハックとは何かというと、「仕事の質や効率、生産性を上げるための工夫や取り組み」です。ここでいう仕事とは継続のことです。つまり、継続を高めるための生活習慣です。

脱・三日坊主のために今までたくさんのことを書いてきましたが、生活習慣を整えることが基礎中の基礎であり、**究極の土台**となります。

ライフハックはたくさんあるのですが、大事なことを三つ提案します。

●睡眠7時間
●寝る時間と起きる時間を決める
●考える時間を極力減らす

この三つのことをしっかりと行うだけで、継続の助けとなるのは間違いありません。僕も実践しているので、その効果は保証します。

詳しく見ていきましょう。

睡眠7時間

睡眠不足は言わずもがな、体や心にさまざまな悪影響を及ぼします。

睡眠不足は、さまざまな病気のリスクになるといわれています。睡眠時間をしっかりと確保している人と、そうでない人の病気のリスクの差がこちらです。

●がん　6倍
●心筋梗塞　3倍
●糖尿病　3倍
●脳卒中　4倍
●高血圧　2倍
●風邪　5倍

病気になると、継続どころではなくなります。大病を患うのはもちろん避けたいところですが、最後の「風邪　5倍」が一番継続に関わりがあるところかなと思います。

また、こんなデータもあります。

一年以上慢性的な不眠を訴えている人といい睡眠が取れている人を一年間追跡調査したところ、うつ病の発症率に40倍の差があったそうです。

継続するためのライフハックの話なのに、うつ病って……と思った方もいるかもしれませんが、睡眠不足は心にも影響することをわかっていただきたくて、書きました。

さらに日常生活において、睡眠不足でいると頭がボーッとして、集中力がなくなります。それにより、仕事や勉強でミスをしてしまうことが増えます。

また、些細なことでイライラすることも増えます。いつもならやり過ごせることに敏感になり、腹が立ってしまう。こんな精神状態だと、継続することはかなり難しくなります。

一般的に、睡眠時間は、大人で7時間以上、小学生の子どもは9時間以上確保するといいといわれています。

わが家では、妻と子ども（小学生）は夜9時に就寝し、朝6時に起きています。前章でお話ししましたが、息子が不登校になったときも睡眠時間の確保と夜型になることだけはないように徹底しました。

僕自身も子どもが寝てから勉強を継続するようになってからは、必ず7時間睡眠をするように心がけています。ここだけの話、人間が持つ悩みの大半は、睡眠不足からきているのではないかと思っているくらいです。

睡眠時間は個人差がありますので、7〜9時間の間で決めるのがいいですね。

寝る時間と起きる時間を決める

次に、簡単に睡眠時間を確保する方法をお伝えします。

それは、**寝る時間と起きる時間を決めること**です。ここをハッキリと決めておくと、無駄なことを考えなくてもよくなります。「7時間睡眠」だけが決まっていると、夜こういうふうになります。

「今、10時か。7時間睡眠だと朝5時起きになるな。でも、それじゃあ早すぎるな」

そして、ユーチューブを見て、ふと時計を見ると——

「今、11時15分か。7時間後は……6時15分か。まだちょっと早いかな」

ズルズルと時間は過ぎ——

「うわっ！　気づいたら、もう12時40分やん！
7時間も寝たら、会社に遅刻する！」

ちょっと最後のはおおげさかもしれませんが、7時間睡眠とだけ決めていると、その時その時で計算をしたり、無駄なことを考えたりしてしまうので、案外面倒くさいのです。

それよりは、寝る時間をバチッと決めておくほうが、生活にもメリハリが生まれます。そして、夜のスケジュールも立てやすくなります。

考える時間を極力減らす

これは完全にパパ、ママ向けのライフハックです。

人は一日に3万5000回の選択をしているといわれています。考えるだけでぞっとしますね。こりゃしんどいわ、と聞いただけで疲れてしまいました（笑）。

僕は、朝の行動をすべて**ルーティン化**しています。

朝起きて、出勤するまでの行動です。あらかじめ決めていることをただ淡々とこなすだけです。ですので、選択疲れは一切ありません。

朝、結構悩むのが服選びです。あーでもない、こーでもないと時間のない朝に悩み始めるとストレスが溜まります。

これはとても有名な話なのですが、アップル創業者のスティーブ・ジョブズはいつも同じ服を着ていたそうです。その理由は日々の決断の数を減らし、重要な決断に費やすエネルギーを節約するためだったそうです。

僕は今では服選びで悩むことはありません。なぜなら、着ていく服をあらかじめ決めているからです。決められた服を順番に着るだけなのでノーストレス。上下合わないなんてこともありません。

ちなみに僕の朝のルーティンは次のページの通りです。

ぞう先生のルーティン

起床後

①トイレ
②手と顔、口を洗う
③白湯を飲む
④コーヒーを入れる
⑤朝食
⑥洗い物
⑦𝕏をチェック・投稿する
⑧身支度

帰宅後

①お風呂
②洗濯物をたたむ
③夕食
④食器洗い
⑤子どもが寝るまで家族と過ごす
⑥子どもが寝たら勉強開始（9時〜）
⑦就寝（11時半〜）

これだけです。これ以上でもこれ以下でもありません。快適です。最高です。何も考えずにやっているので、朝に悩むこともストレスもまったくありません。

一度、朝にやることを紙に書き出してみてください（122、123ページの表をご活用ください）。

そして、順番を決め、その通りにやってみましょう。それでスッキリしたのなら、そのままルーティン化しましょう。もちろん、やりながら変えていくのもオッケーです。やってみたらわかりますよ。この良さが。

ちなみに僕は、仕事から帰ってきてからの行動もルーティン化しています。たまにお風呂と夕食の時間が入れ変わるくらいで、いつもこの流れで過ごしています。洗濯物をたたむ、食器を洗うといった面倒くさい家事は、115ページでお話しした「イフゼンプランニング」でバッチリです。

イフゼンプランニングにもコツがあります。

それは、**間髪入れずにやる！**です。

お風呂の後に、ソファに座ってはいけません。夕食の後に、アイスを食べてはいけません。その一つの行動が命取りになります。「お風呂の後に、洗濯物をたたむ」と決めたなら、とにかくすぐやる！　これがコツです。


これまでにお伝えしたライフハックは、なぜやるのか？　それはすべて継続のためです。お子さんと脱・三日坊主を達成するためです。

あなたの思い描いた理想の未来のために生活を改善しましょう。


ちなみに小学4年生の保健の教科書には、よりよい発育、発達のために大事なこととして、こちらを挙げています。

- 適度な運動
- バランスの良い食事

●十分な睡眠

実は、とても有名なスポーツインストラクターの方に聞いた、「究極の健康法は何ですか?」という質問の答えと同じなのです。

継続のためのライフハックの参考にしてください。**健康は継続の味方**です。

まとめ

寝る時間と起きる時間を決めて、７時間以上寝るルーティン化で選抜と考える時間を減らす

第4章

悪い継続をやめさせる方法

悪い継続は良い継続を駆逐する

いきなりですが、クイズです。

子どもにとって、悪い継続とは具体的に何でしょうか？

僕は、𝕏で小中学生のお子さんがいる方を対象に、子どもに一番やめてほしいと思うことは何かを聞きました。すると、次のような結果となりました。

1位　動画コンテンツ（ユーチューブ、ティックトックなど）
2位　ゲーム
3位　友人とのライン

下図の割合を見ると、ほぼ半分の親御さんが、動画コンテンツと答えています。

一昔前だと、1位はゲームだったと思いますが、スマホ所持の低年齢化や気軽に使えるタブレットの普及に伴い、簡単に見ることができるユーチューブやティックトックなどが1位になりました。

友達とのラインは16％と数字こそ低いですが、昨今、ライントラブルは生徒指導で非常に増えてきています。学校や親が見つけるのが困難であることが問題となっています。

次に、悪い継続がどうしていけないのかを考えてみましょう。

Q.子どもに一番やめてほしいことは何か

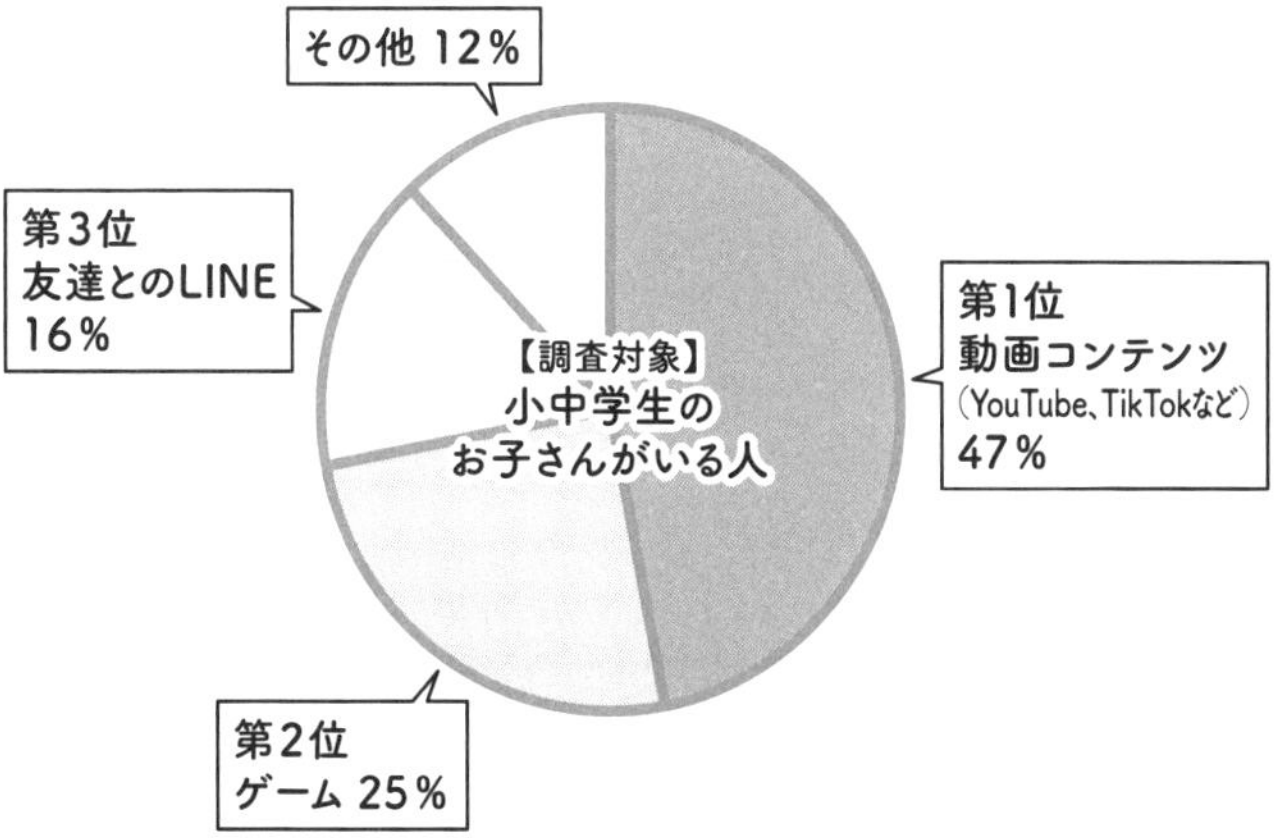

【出典】ぞう先生𝕏（@zousanwarai）

❶良い継続をやめてしまう
❷勉強しなくなる
❸寝る時間が遅くなる
❹疲れる
❺口が悪くなる
❻考えなくなる

詳しく見ていきます。

❶良い継続をやめてしまう

悪い継続が原因で、せっかくできていた良い継続をやめてしまうことがあります。第3章で継続のコツを覚え、良い継続が身についたにもかかわらず、悪い継続にあっという間に時間を取られてしまう……。

悪い継続の上位にある動画やゲームはとても楽しいので、どうしても長時間やってしまいがちです。せっかく良い継続ができたのに、と親としては無念の一言です。

❷勉強しなくなる

ずっとユーチューブやティックトックばかりを見て、宿題は後回し。夜寝る前ギリギリになり、ようやく始める。そのころには集中力もなくなり、あくびを連発させながらやっている。親としては、「だから先にやるべきでしょ！」と小言を言いたくなりますね。宿題でさえこの始末なのですから、プラスアルファの自主学習なんてできるはずもありません。

❸寝る時間が遅くなる

寝る時間になってもずっとスマホやタブレットを見続け、いくら注意してもやめることができない。やっと布団に入ったかと思えば、まだ布団の中で見ている。夜の12時を過ぎているのにまだ見ている。

寝不足により、朝は自分で起きることができず、親が起こしにいく。そして、起きても全然元気がなく、朝ご飯を食べずに学校へ行くこともしばしば。

悪い継続による寝不足は、学校での集中力を奪います。また、些細なことでイライラすることもあります。良いことは一つもありません。

❹疲れる

動画コンテンツもゲームもラインも単純にずっと画面を見ているだけですが、疲れます。目の疲れはもちろんのこと、実は脳も疲れています。また、ずっと家の中で過ごすことで運動不足による体力低下も懸念されます。

僕はわが子たちに、必ずこれらより先に勉強（宿題）することを義務づけています。なぜなら、これらをした後は思った以上に疲れているからです。だいたいやめてから数分間、子どもたちは脱力しています。無気力状態でなんの意欲もわきません。

子どもたちもそれがわかっているので、動画やゲームを始める前に宿題を終わらせることを納得してやっています。

❺口が悪くなる

これは特に対戦ゲームをしている子どもの特徴として表れてきます。小、中学生に人気の『フォートナイト』や『荒野行動』などを始めてから、わが子の口がとても悪くなってしまった、という話は学校でもよく耳にします。

中でも、うまくいかなかったときに暴言を吐いてしまう子が多いです。ゲームの枠を超え、実生活でもついつい口に出してしまうなんてこともあります。

また、動画コンテンツでも自分たちより少し年上の人気ユーチューバーやティックトッカーで口が悪い人がいると、無意識のうちにマネしてしまう（うつってしまう）ことがあります。お子さんが動画コンテンツを見ている場合、どんな動画を見ているかチェックすることも時には必要ですね。

❻考えなくなる

これは動画コンテンツでよくあることです。一昔前だとテレビもそうでした。画面上で楽しいことが繰り広げられるので、こちらは何も考えなくてもいい受け身の状態となります。つまり動画を見ているときは自分の頭で考え、創造することがほとんどない状態なのです。

このように悪い継続はデメリットだらけです。

ではなぜ、こんなにもデメリットだらけの継続をやめることができないのでしょうか？　次の項目で詳しく解説します。

まとめ

悪い継続はデメリットだらけ

悪い継続をやめられない二つの理由

お子さんが悪い継続をやめられないのには理由があります。この理由、実は**大人も一緒**です。ですので、パパやママも自分事として読んでください。

理由❶　人は変化を嫌うものだから

悪い継続をやめられない一つ目の理由は、「**人は変化を嫌うもの**」だからです。

あれっ？　どこかで聞いたことあるなとお思いになられた方、その通りです。生存本能により、現状維持バイアスが働くよう人間の脳にはインプットされていると第1章で説明しました。

悪い継続は、すでに習慣化していることが多いです。**何かをやめることは、「変化」です**。やめようとすると、良い習慣であれ悪い習慣であれ、変化を嫌う脳がやめさせまいと抵抗します。

脳にとって新しい行動が変化である限りやめさせようとします。だから新しい習慣はなかなか続かないのです。つまり、続かなくて当たり前です。

今、子どもの主体性を伸ばそうと教育委員会は掲げています。それ自体はとても良いことで、僕も基本的には賛成です。

しかし、悪い継続をやめることに関しては、子どもの主体性や意志力に、決して任せてはいけません。断言します。悪い継続をやめることは、人間としての本能に抗うことです。**良い継続が意志力や根性でできないのと同様に、悪い継続を断つことも主体性や意志力で解決しようとしてはいけません。**

簡単にいうと、**勝てるわけがない**のです。

子どもだから言っているのではありません。基本的に大人も同じです。

では、どうすればいいのか。それは後ほどお話しします。

理由❷　企業努力

その前に、悪い継続がやめられない理由の二つ目をお伝えします。

それは、「**企業努力**」です。企業努力とは？となったと思います。

親御さんがお子さんにやめてほしいことのトップ３に挙がった動画コンテンツ、ゲーム、ラインについて企業側から考えていきましょう。

●動画コンテンツ

ユーチューブやティックトックをはじめとする動画コンテンツは、基本的に無料で見ることができます。写真や文字のイメージが強いインスタグラムやフェイスブック、Xでも視聴可能です。


では、ユーチューブやティックトックを運営している企業はどうやって儲《もう》けているのでしょうか？

それは広告収入です。動画を視聴中に流れるＣＭは、それを流したいスポンサーからお金をもらって流しています。テレビＣＭと同じ仕組みですね。

そのため、動画コンテンツの運営側は、視聴者に長時間視聴することを求めています。長時間見てもらえれば、それだけ多くＣＭを流すことができるからです。

視聴者に飽きられない仕掛けが、動画コンテンツにはたくさん存在しています。

まず、一つの動画が終わると自動で次の動画が勝手に再生されます。そのため、ぼーっと見ているとついつい長時間見てしまうのです。

また、視聴者が見た動画をＡＩが分析し、見ている人が興味を引きそうなおすすめ動画を羅列しています。だから、見始めた動画がたとえおもしろくなくても、おすすめ欄には興味深い動画が並んでいるので、クリックしてすぐ別の動画を見られるようになっています。

さらに僕が危険だと思うのは、ショート動画です。

60秒以内の動画がメインなのですが、新しい動画が次から次へと流れ続けるので、視聴をやめることが非常に難しいです。意識して見るとわかるのですが、１秒の隙間もなく文字が流れてくるので、こちらが何かを考える余地がありません。頭の中で情報を処理するのが精一杯で、他のことが考えられなくなります。

僕は初めてユーチューブのショート動画を見たとき、これはやめられんなと思った記憶があります。

「ユーチューブやティックトックって素人がやってるんでしょ？　そこまでやめられないすごい動画なんて作れるの？」と思った方は、考えを改めたほうがいいです。今は、一億総クリエイターの時代。誰でも簡単に動画が作れますし、マーケティングを勉強している強者《つわもの》も多いです。

動画制作は、副業として小遣い稼ぎでやっている方だけではなく、本業でガッツリやっている方、大手企業も参戦している状況です。つまり、動画コンテンツのクリエイティブはトップクラス（テレビ並み）だということです。

ユーチューバーやティックトッカーは、再生回数で収入が変わります。長時間視聴してもらうために、動画自体に視聴者の興味を引く仕掛けがたくさん埋め込まれています。

人間の本能をくすぐる、どうしても見たくなる動画はごまんとあります。

だから、**動画コンテンツは、お子さん自身の力でやめることは非常に難しい**のです。

これは、すべての子どもに、そして大人にも言えることです。**動画コンテンツは主体性や意志力でやめることはできません**。

●ゲーム

ゲームもやめられない仕掛けが山ほどあります。


少し考えてみてください。あなたは誰もクリアできないめちゃくちゃ難しいゲームを買いますか？　実は、**難しすぎるゲームは基本的に売れない**とされています。

ゲームは、程よく難しく、簡単すぎず、何度もやっていると誰でも必ずクリアできる、そんなゲームが売れます。


ロールプレイングゲームの王道と言えば、『ドラゴンクエスト』です。

『ドラゴンクエスト』の難易度は、比較的低いです。コツコツと敵を倒してレベルさえ上げれば、誰でもクリアできるようにできています。ストーリーも村人全員の話をきちんと聞けば、小学生でもクリアできます。また、クリア後も裏ボスがいたりするなど、ストーリーとは関係のないクエストも充実しています。

アクションの王道と言えば、『スーパーマリオブラザーズ』です。

これも基本的には簡単です。もちろん難しいコースもありますが、何度もミスをすると無敵モードのマリオを選ぶことができます（最新のマリオはなんと、はじめから無敵を選べる！）。また、コアなファンのために秘密のコースも設けています。

僕の息子が大好きな『ポケットモンスター』は、基本のストーリー以外にもやりこみ要素があります。例えば、ポケモンを全種類ゲットしたり、コインを集めたり、ランクバトルでレベルを上げたりすることができます。

また、『大乱闘スマッシュブラザーズ』は、友達と対戦することができるところが魅力です。一対一だけではなく、複数対複数の対戦やトーナメント方式、戦う場所が無数にあったりするなど、飽きさせない工夫がたくさんあります。

ゲーム会社は、そのソフトを長時間プレイしてもらう工夫をしています。これまでに発売したゲームソフトのデータを取り、人間の本能をくすぐるような仕掛けをたくさん入れ込んでいるのが、昨今のゲームです。

ですので、ゲームは基本的に放っておくと**飽きるまでやってしまうもの**です。ゲームも、**子どもの主体性や意志の力でやめることは非常に難しい**のです。

近年、スマホ一台でできる無料ゲーム（アプリ）も人気です。

家庭用ゲーム機と違い、無料でダウンロードしプレイできる手軽さが魅力の一つですが、「依存しやすい」ともいわれています。ログイン回数やプレイ時間に応じて報酬をもらえたり、期間限定のイベントやガチャ（欲しいキャラクターやアイテムをランダムでゲットできる）など、やめられない仕掛けが盛り込まれているのです。

このような企業努力により、動画コンテンツとゲームは長時間やってしまうようにできています。しかし、ラインに関してはやめられない理由がまったく違います。

●ライン

小中高生がラインをやめられない最大の理由は、**相手がいること**です。

ラインは一対一でやり取りする場合と、複数人で行うグループラインがあります。友達とラインで会話をするのはとても楽しいから、家にいる間も手放せなくなってしまいます。

この傾向は、昔でいう家の電話と本質は変わりません。リアルタイムのコミュニケーションを楽しんでいます。

しかし、ラインは楽しいから続けてしまうだけではありません。**嫌われたくないから続けてしまう**こともあります。「本当はもうやめたいのに、やめてしまったら相手に嫌われてしまうかも」といった気持ちが続けてしまう原因となっています。嫌われていないことを確認するためにラインを続けてしまうのです。

親としては、楽しくないんだったらやめればいいじゃな

いかと思うかもしれませんが、この世代の最優先事項は友達であり、友達に嫌われてしまうことは最大の恐怖なのです。

では、どうやったらラインをやめることができるのでしょうか？　こちらは動画コンテンツやゲームとは、対処方法が異なります。子どもが本音では「ラインをやめたい」と思っているのならば、**親が悪者になればいい**のです。

「親がうるさいから夜9時までしかできないの。明日返事するね。おやすみ」

このように送らせるのです。すると相手は、親が言っているのなら仕方ないなと会話をやめることができます。相手の保護者の方もきっと同じことを思っているはずなので、口裏を合わせておくとなお有効です。

まとめ

悪い継続は、大人でもやめるのが難しい
動画コンテンツ、ゲームは子どもの主体性、意志力ではやめられない
親のせいにすれば友達に嫌われずにラインをやめられる

悪いのは動画コンテンツでもゲームでもなく〇〇〇やること

大前提として、子どもの主体性や意志の力に任せてしまうと、時間通りにやめることが難しいというのがわかっていただけたと思います。

だから、「うちの子は、動画コンテンツやゲームを自分でやめられないどうしようもない子だ！」なんて思わないでください。

みんなそうなのですから。

そして、この大前提があるからこそ、対策できます。この前提が間違っていると、子どもを毎日叱ることになってしまいます。

「動画ばっかり見るな！」

「時間通りにゲームをやめなさい！」

こんなことが毎日起これば、パパやママのストレスが日々積み重なってしまいます。問題の本質は、動画やゲームをやめることを**本人に丸投げしている点**にあります。

では、悪いのは、お子さん自身の力でやめられないようにできている動画コンテンツやゲームなのでしょうか？　その答えは、「ノー」です。

ある日突然、ママから、

「動画やゲームは、自分でやめることが難しいらしいから、もうこれからはやってはいけません！」

こんなふうに言われても、子どもは、「はい、そうですか。やめます」とはならないはずです。ここで一つ考えてもらいたいのは、**動画を見るのもゲームをするのも、別に悪いことではない**ということです。

毎日の生活の一つの楽しみとしてやる分にはまったく問題ありません。むしろ、「やるべきことが終わったら、ゲームするぞ！」というように、自分へのご褒美感覚でやるべきことが進む原動力になる場合もあります。

では、何がいけないのでしょうか？

それは、長時間することです。**長時間するから、勉強や運動、読書、家族とのコミュニケーション、睡眠といった、他にするべきことがおろそかになる**のです。だから、悪いのは、動画やゲームそのものではないのです。

先に書いたデメリットは、**長時間すればするほど大きくなります**。

僕の家では、平日ゲームは1時間まで、休日は2時間までと決めています（ちなみに最初は休日のみでしたが、後から子どもの要望で、平日は1時間だけやってもいいことにしました）。そして、「宿題を先に終わらせてからやる」というルールとしています。ぜひ参考にしてください。

まとめ

悪いのは動画コンテンツでもゲームでもなく、長時間やること

親が子どもにやってはいけないこと

悪い継続をやめさせる上で、親が子どもにやってはいけないことがあります。親としては、子どものためを思ってやっていることですが、それが逆効果となる場合があります。

それはこの三点です。

❶無条件にやらせない（禁止する）
❷頭ごなしに叱る
❸ルールが決まっていない

この三点は、絶対にやらないほうがいいです。詳しく見ていきましょう。

❶無条件にやらせない（禁止する）

文字通り、親が子どもに与えないということです。

ここでの「無条件にやらせない」とは、例えば、子どもが「ゲームが欲しい」と言ってきたときに、即答で「ダメ！」と言うパターンです。

この場合、せめてゲームを買わない理由だけでも言うべきです。何を言ってもノーだと子どもからすると、「なんで？　どうして？」となるからです。

また、どうして欲しいのかを聞いてみてください。すると子どもなりに欲しい理由を話してくれます。よくあるのが、「学校でゲームの話をよくするけど、持っていないから会話に入れない」などです。これが買う理由になるかは置いておいて、気持ちはとてもよくわかりますよね。

もしも子どもが欲しいと言ってこないのであれば、全然いいと思います。子どもが欲していないのに、わざわざやめることが難しいものを与える必要はありません。

しかし「ゲーム＝絶対に買わない」と、あまりに一方的に禁止すると、子どもの反感を買ってしまうことがあります。

親がゲームを与えなくても子どもは、いつか必ずゲームをするようになります。それならば、親の目が行き届く時期にゲームを与えるのもありだとは思いませんか？

❷頭ごなしに叱る

次にダメなやり方は、頭ごなしに叱ることです。

例えば、ゲームの時間を守ることができなかった場合、

NG声かけ

「早くやめなさい！」

このように大きな声で叱責してはいけません。これも子どもの反発のもとです。

たしかに子どもが時間を守っていないので、叱るのは当然のことなのですが、頭ごなしに叱り続けると、逆効果になることがあります。

また、やめるにはやめたけれど、その後、お子さんの機嫌が悪くなることはありませんか？　親からしたら、「なんで機嫌悪くなってるねん！　怒ってんのはこっちじゃ！」と言いたくなりますよね。時間さえ守っていたら、こっちだってきつく言わへんわ、と。

しかし、思い返してみてください。ゲームは、前提として制限時間を決めても途中でやめるのが非常に難しいものです。この前提の有無で変わります。

次の大間違いの大前提では、少し時間を過ぎただけで腹が立ってきます。

●ゲームは意志の力が強いとやめられる
●ゲームをやめられないのは、意志の力がないからだ

なんの対策もなしに意志の力だけでやめさせるには、無理があります。対策に関しては、この後の項目でお伝えしますので、必ず最後まで読んでくださいね。

❸ルールが決まっていない

ルールがないとどうなるでしょうか？　「時間無制限」となります。

これでは、やめることは絶対にできません。むしろ長時間やり続けることを助長することになります。

また、ルールがなければ、基準がわかりません。どれくらいが長いのか？　子どもは3時間が長いと思っているけど、親は1時間でも長いと思っている場合も多いのです。ココが明確になっていないと、話がかみ合いません。

『もうそろそろやめなさい』
「えっ、まだそんなにやってないで」
『もう結構やってるでしょ』
「いやいや、そんなにやってないって」

不毛な会話ですよね。家でのルールが決まっていないから、本質のずれたけんかが起きてしまいます。「長い」という基準は、一人ひとり異なります。ルールを子どもと話し合うことで、何がいけなくて、どこまでがいいかがハッキリとします。

頭ごなしに叱るのはいけませんが、ルールを破ったときは、きちんと子どもに知らせる必要があります。

その基準がないと先ほどの会話の例のように毎日、無駄に争うことになるので、ルールは事前にしっかりと明確に決めましょう。

まとめ

親は、無条件に禁止したり、頭ごなしに叱ったりしてはいけない基準となるルールを子どもと話し合って決めること

悪い継続をやめる方法はズバリ「戦わないこと」

お子さんの悪い継続をやめさせる方法について、具体的に対策をお伝えする前に、親御さん向けにお話しさせてください。なぜならまずは、あなたに悪い継続をやめる方法を知ってもらいたいからです。

自転車の乗り方は、自転車に乗ることができる人が教えるべきですよね。自転車に乗れない人が、自転車の乗り方を教えることは難しいです。だからまず、大人に向けて悪い継続をやめる方法をお話しします。

悪い継続をやめる方法は、ズバリ「**戦わないこと**」です。

戦わない？ あきらめるってこと？と思ったあなた。いやいや、違います。その文字の通り、戦わないことです。反対に、「戦う」とはこういうことです。

「もう絶対にスナック菓子は食べないぞ」

「もう絶対にスマホをダラダラ見ないぞ」

「もう絶対コンビニには行かないぞ」

「もう絶対お酒は飲まないぞ」

「もう絶対ギャンブルはしないぞ」

「もう絶対に夜更かしはしないぞ」


真っ向勝負。正々堂々。かっこいいですね。

でも、こういった目標を掲げている人は、大体……負けます。

みなさんも心当たりはありませんか？　今までこういった誓いを立てて、できなかったこと（僕も山ほど経験があります）。


例えば、ダイエットのために、スナック菓子は絶対に食べないと心に誓ったとします。なんなら紙に書き出して、壁に貼ったとします。しかし、それは逆効果なのです。

ある日、スナック菓子を食べてしまいました。そして、こう思うのです。

「自分はなんて意志力のない人間なんだ。
自分で決めたことさえできないなんて」

出ました。また、意志力。人って、どうしてこう自分の意志力が完璧だと思うのでしょう。

それは自制バイアスがかかっているからです。

人間は、自分が思うほど自制心は強くありません。それなのに、「私は誘惑には負けない。衝動的な行動を抑えられる」と自分を過大評価する思考のくせを持っています。

それを「自制バイアス」といいます。

良い継続をすることも悪い継続をやめることも、意志力はまったく必要ありません。

これを覚えてくださるだけでも、本書を読んでもらった価値があります。それくらい、みんなが誤学習していることなのです。

では、本題の「戦わない」とはどういうことかというと、**「見ない・触れない」ことです**。先ほどの例で解説します。

まず、戦う人の日常です。

今日から絶対にスナック菓子は食べないぞ！

←

家に置いてあるスナック菓子を見てしまう

←

ここから戦いが始まる——食べる or 食べない（本能 VS. 意志力）

この場合、**勝ち負けは日によって異なります**。

なぜなら意志力は消耗するからです。会社、家庭、近所付き合い、選択疲れ、ストレスなど、日によって消耗レベルは変わります。朝起きてすぐの意志力マックスのときは食べずに済みますが、残業終わりの夜中、消耗マックス状態では意志力が低下しているので、あっけなく誘惑に負けてしまいます。

それでは、戦わないとはどういうことなのでしょうか？

今日から絶対にスナック菓子は食べないぞ！

←

家にスナック菓子のストックを置かない

←

戦いは始まらない――食べない一択＝勝ち確定！

まず、**きっかけをなくすことが大事**です。

スナック菓子の場合、家にあるストックを見てしまった時点で、我慢して食べないか、誘惑に負けて食べてしまうかの戦いが始まってしまいます。そうではなく、その**戦い自体をなくす**のです。**すべて不戦勝ねらいです。**

先の例であった、誓いを壁に貼ることも実はきっかけとなるのです。

「スナック菓子を絶対に食べないぞ！」

この〝スナック菓子〟という文字が、きっかけとなってしまうのです。

とても疲れた日、人間関係でトラブルがあった日、家に帰ってこの紙を見る。すると、「あー、もうどうでもいい！　ストレスが溜まってるからスナック菓子をドカ食いしたいっ！」と。

お酒も同じです。飲みすぎを防ぎたかったら、６缶パックではなく、その日に飲む本数のみ買うようにするのです。

以前の僕は、６缶パックのほうが値段が安いのでそちらを購入していました。そして、今日は2缶までにしようと飲み始めます。1缶を飲み干し、２缶目に突入。酔いが回り始め、飲む前の気持ちはどこへやら、３缶目に手を伸ばします。

当たり前です。酔っ払いに意志力なんて存在しません。もしも3缶ではなく、２缶でやめていたら、1缶分の代金が浮きます。余計に飲んでしまった1缶は、６缶パックを買って安くなった値段をはるかに超えています。

つまり、「今日は2缶しか飲まない」と決めているのならば、２缶しか買わなければいいのです。そのほうが、結果として安くなります。そして、３缶目は存在しないので戦わずに済みます。きっかけをなくしたことにより、僕は浮いたお金で第3のビールではなく、本物のビールを堪能できるようになりました。最高です。

次のページに、悪い継続のきっかけをなくす例をまとめました。例えば、ギャンブルもコンビニも頭に浮かばなければ行くことはありません。ユーチューブもテレビも見るのにひと手間かかれば、それだけで億劫《おっくう》になりやめることができます。

決して意志力に頼るのではなく、誘惑のきっかけをなくす、もしくは、**やめたい継続の一つ前の行動をシャットアウト（または手間がかかるように）する。**これがベストのやり方です。

まとめ

悪い継続は、きっかけをなくせばやめられる

悪い継続のきっかけをなくす（一例）

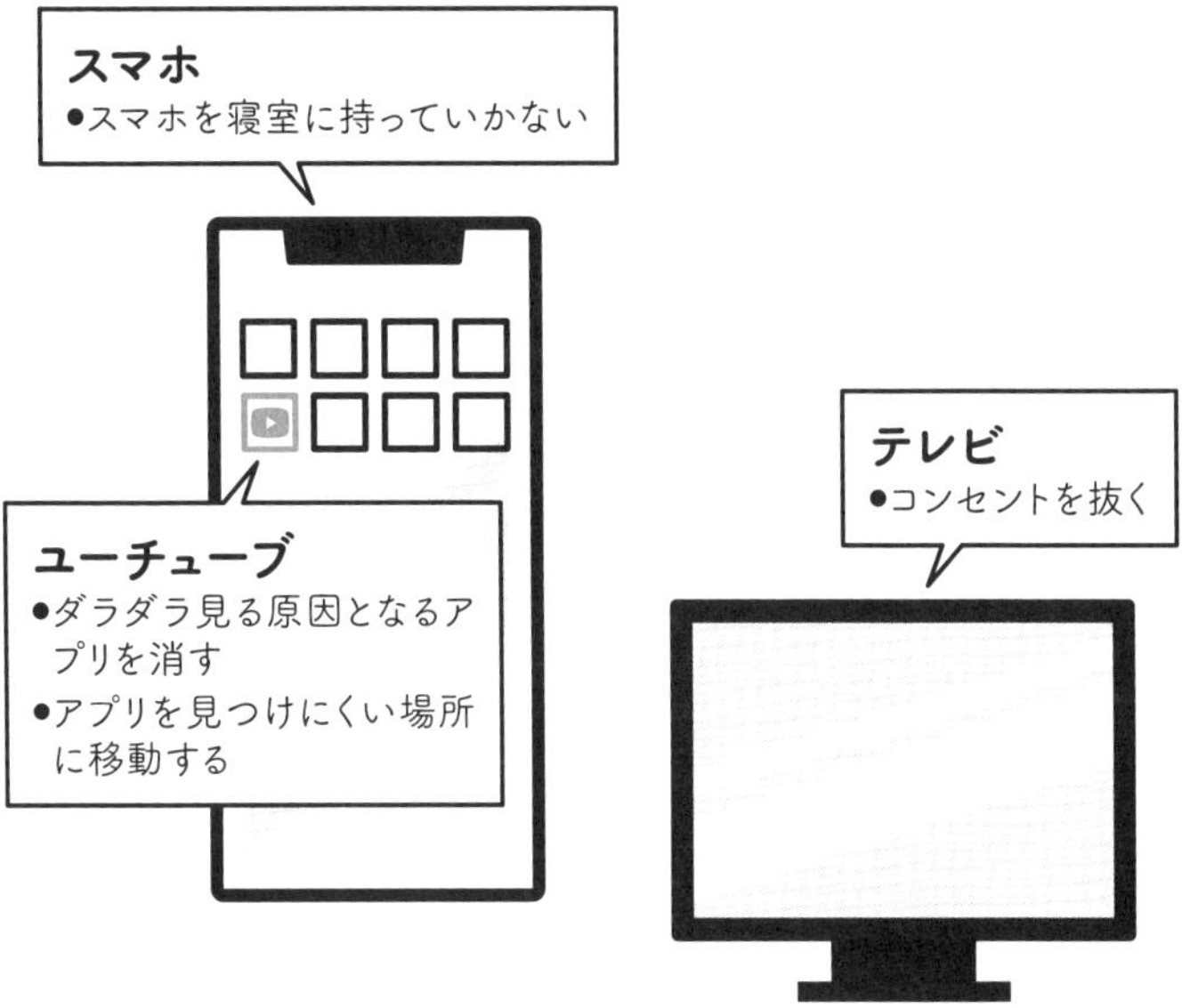
スマホ
●スマホを寝室に持っていかない
ユーチューブ
●ダラダラ見る原因となるアプリを消す
●アプリを見つけにくい場所に移動する
テレビ
●コンセントを抜く

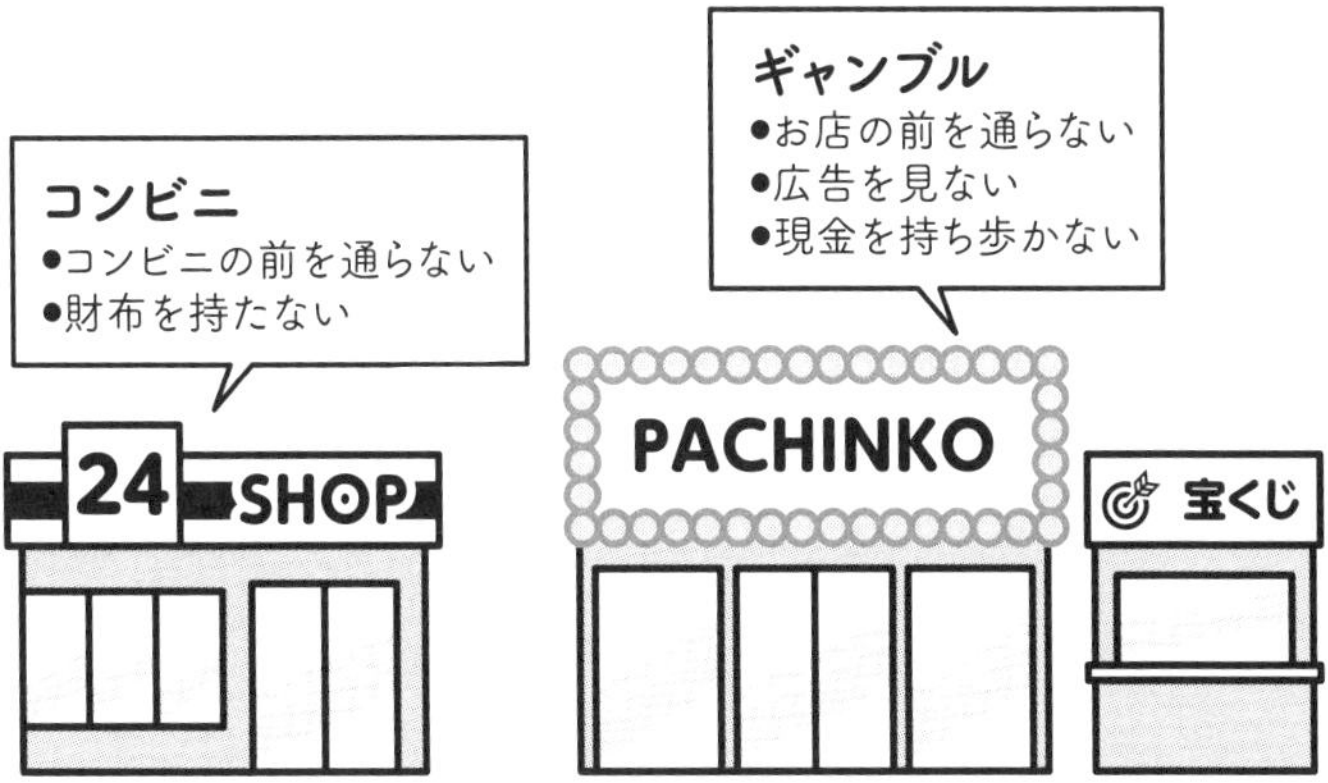
コンビニ
●コンビニの前を通らない
●財布を持たない
24
SHOP
ギャンブル
●お店の前を通らない
●広告を見ない
●現金を持ち歩かない
PACHINKO
宝くじ

子どもに悪い継続をやめさせる方法

悪い継続をやめる方法は「戦わない」ことでした。

では、子どもに悪い継続をやめさせる方法は何か？
それは、**子どもに戦わせないこと**です。つまり、親が管理するということです。

それって、普通じゃん！って声が聞こえてきそうですが、どうして親が管理する必要があるのか、ここまで読んできた読者のみなさんと、ただただ経験則で管理している親御さんとでは、**雲泥の差**があります。

また、管理にも最適なやり方、間違ったやり方があります。正しい方法を実践するだけで、お子さんもパパ、ママも気持ちよく、トラブルなく、動画コンテンツやゲームと付き合うことができます。

もう、「動画コンテンツやゲームなんてこの世になかったらいいのに！」なんて思わなくてもいいんです。早速、悪い継続をやめさせる方法を見ていきましょう。

動画コンテンツやゲームがおもしろいことを認める

まず、パパ、ママがお子さんにやってほしいことは、**動画コンテンツやゲームはおもしろいと認める**ことです。

お子さんにとっては、動画コンテンツやゲームはおもしろいからやめられないのです。お子さんもそれは重々わかっています。

だから、パパやママが「動画とかゲームって何がおもしろいの？　全然わからない」と言ってしまうと、お子さんは自分の好きなものを否定されたと感じ、その後の親の話を一切耳に入れてくれなくなります。

そのため、まずは動画コンテンツやゲームはおもしろいこと、日々の生活を彩る上で必要であることをしっかりと認め、それを**口に出してお子さんに伝えましょう。**

ここは絶対に外してはいけません。

長時間やるとダメな理由を話す

次にやることは、「話す」です。次の三点を、お子さんの年齢に合わせて話してください。

❶動画コンテンツやゲームはおもしろいと認める
❷動画コンテンツやゲームは自分の力ではやめられないようにできている
❸動画コンテンツやゲーム自体が悪いのではなく、長時間するのがダメ

❷は、制作者目線で話すとわかりやすいです。そして、自分でやめられないのはあなたが悪いのではなく、制作者がやめられないように作っていることを伝えましょう（155ページでお話しした理由を、そのままお子さんに伝えればいいです）。

僕は長期休み前に、小学校のクラスの子どもたちにゲームやユーチューブをやめられない理由を話しています。すると、子どもたちは「わかる、わかる」といつもより

食いつきがよくうなずいてくれます。

そこで、**動画コンテンツやゲームはそれ自体おもしろいし、日々の生活の楽しみの一つとして必要だけど、ダメなのは長時間することだと伝えます。**あわせて、長時間やるデメリット（勉強ができないこと、家族と会話ができないこと、睡眠時間が減ることなど）も話します。

このように話すと、子どもはゲームやユーチューブを否定されたとは思わず、長時間することがダメなんだなと理解し、ルールを守ってくれる可能性が高まります。

親子でルールを決める

悪い継続をやめるにあたって、子どもに戦わせないために、子どもに話すべきことをお伝えしてきました。

前ページの三点を話すことをすっ飛ばして、いきなりパパとママが「ルールを決めます」と言うのと、なぜルールが必要なのかを語ってからルールを作るのでは、お子さんの気持ちに天と地ほどの差があります。**必ずこの三点は話してください。**

もし、❷（動画コンテンツやゲームは自分の力ではやめられないようにできている）を話している最中に、お子さんが「自分の力でやめられるよ！」と言うのなら、それはそれで実践させてあげればオッケーです。

本当にやめられたなら素晴らしいですし、できなくても、お子さんを責めるのではなく、「ほらね、みんな自分の力ではやめられないいんだよ」と言えばいいだけの話です。

そして、家庭のルールを作ります。例えば、こんな感じです。

❶ゲームをしたり、動画コンテンツを見たりする時間は、一日〇時間まで（平日、休日分ける）
❷夜の〇時以降はやらない
❸もしも守れなかったら、パパやママが電源を切る

❹宿題が終わるまでやってはいけない

パパやママが**一方的に決めるのではなく、必ず親子で話し合って決めてください。**

事前の三つの話にお子さんが納得していたら、スムーズに決まるでしょう。

また、ここで決めたルールがうまく機能しないことや追加の約束がいることなども十分考えられます。お子さんの成長具合でも変わります。そのため、最初に決めたルールに固執することなく、柔軟に変えていくといいでしょう。

まとめ

悪い継続には親の管理が必要
ルール決めまでの流れは非常に重要

ルールを守るティップス

ルールさえ決まれば、後は実行するのみです。
ここでは、ルールを気持ちよく守るためのティップスを紹介します。

❶キッチンタイマーを使う

これはわが家でやっていることです。例えばゲームを始める前にキッチンタイマー（百均で売っているもので十分です）をセットします。
この利点は、ハッキリと終わりの時間を知らせてくれることです。これがないと、今、どれくらいやっているのかがわからないので、親子で不毛なけんかが起きます。

『何時から始めたの？』

「えーっと、３時かな」

『いやいや、２時半くらいからやってるでしょ』

「２時半は絶対違う、２時50分くらいや」

『いやいや、絶対２時半や！』

「違うって、なんでそんな決めつけるん？」


親子で決めたルールにのっとって、キッチンタイマーに時間を入れてボタンさえ押していれば起こらないけんかです。無駄な言い合いは避けたいですね。

❷スマホは制限をかける

お子さんにスマホを持たせているなら、制限をかけることをおすすめします。なぜなら、**スマホは親だけの管理では難しい**からです。

中学生くらいになると、自分の部屋にこもることが多くなってきます。そこで、親が子どものスマホの使用を物理的に管理するのは非常に難しいですし、面倒です。

今は、どの契約会社でもスマホに制限をかけることができます。

例えば、夜9時以降は使えないように設定したり、インターネットにフィルターをかけて有害なサイトは見られないようにすることもできます。

スマホを無制限で使わせることは危険すぎます。ですので、必ず制限をかけるようにしてください。その際は、制限をかける理由を必ずお子さんに話しましょう。

- スマホを長時間使用すると他の大事なことができなくなること
- スマホは自分の意志ではやめられないこと
- 睡眠不足は健康にとって一番の害であること

このようなことをお子さんの年齢に合わせて話すといいでしょう。

まとめ

キッチンタイマーで決めた時間を守らせる
理由を説明した上で、子どものスマホは制限をかける

第5章

自分から積極的に行動する子に育つ親の言動9選

積極的に行動できる子になるかは親の言動次第

「脱・三日坊主」を目指して、ここまで継続のコツと悪い継続をやめさせる方法をお伝えしました。

ここでは、さらにお子さんが自分から積極的に行動することを目指します。

継続のコツや悪い継続をやめさせることは、「仕組み化」で無理なく・無駄なく行っていきますが、スピードは人それぞれです。しかし、そこに**お子さんの積極性が加わると、加速度的にゴール（目標）を達成できるようになります。**

コツコツやることがおもしろかったり、上達を実感できたりすると自然と積極性は増します。自然発生的に積極性が出てくることもありますが、それだけではありません。

それは、**親の言動**です。

子どもは間違いなく親の言動に左右されます。子どもは見ていないようでしっかりと親を見ています。**親の言動次第で、子どもの積極性が変わる**といっても過言ではありません。

僕は小学校教諭として、今までたくさんの子どもを見てきました。その子どもの数以上に、親御さんも見てきました。そして三児の父でもあります。教師生活20年以上で培ったスキルと、実際に三児を育ててきたリアルを余すことなくお伝えします。断言します。**積極的に行動する子どもの親御さんは、声かけが非常にうまい**です。

また、積極性が生まれる仕掛けを知っています。

安心してください。そんなに難しいことではありません。知っているか知らないかの違いです。やればやるほど、子どもが積極的になります。どんどん活用してください。

まとめ

親の言動で子どもの積極性は向上する

親の言動①　励ます

お子さんがゴール（目標）に向かってがんばっているときにどうしてもうまくいかず、つまずいてしまう場面が必ず出てきます。何度やってもできなくて悔しくなってしまう。そして最終的にやめてしまう。そんなときはパパ、ママの出番です。さて、どういった声かけをしますか？

「やると決めたことは最後までやりなさい！」
「すぐあきらめるな！」

このようにハッパをかけることは、時として必要かもしれません。でも、長い目で見たときに逆効果となり得ます。

なぜならこういった声かけをして目標を達成したとしても、継続した理由が、「途中で投げ出すとパパやママが怖いから」や「怒られるから」であるからです。

これが続くと、反抗期を迎えたときや将来自立したとき、そういった怖さや見張りがなくなった時点で継続をやめてしまいがちです。


強い口調の声かけを〝叱責〟とお子さんが捉えてしまうと、がんばっているのに……と落ち込む結果になったり、もしくは反発されたりすることも考えられます。

特に、やめてしまった際にこういった声かけをすることで、余計にマイナスの効果につながるきっかけになってしまうことになりかねません。


お子さんにもいろいろタイプがあります。

何度やってもできなかったとき、あなたのお子さんはどちらのタイプでしょうか。

❶しゅんと落ち込んでしまう子
❷腹が立って、キレてしまう子

❶の場合、親は自然と励ますと思います。

「大丈夫」
「続けていたらきっと、できるよ」

お子さんががんばってもがんばってもできなくて落ち込んでいる場合は、パパやママは自然と励ますことができます。

しかし、問題は❷のタイプです。親としては子どもを応援したい気持ちはやまやまですが、キレられると、それじゃあいけないよと言いたくなります。

「くそっ！　もうやらへん！（怒）」
『なんで！　二人でがんばるって決めたやん！（怒）』
「知らん！（激怒）」

これがなぜいけないのかというと、**子どもの怒りの感情に、親も怒りの感情で返し**

ているからです。まさに火に油を注ぐ行為です。

「くそっ！　もうやらへん！（怒）」

『どうして？（冷静）』

「だって、やってもやってもできひんもん！（ちょい怒）」

『そうか。でも大丈夫。続けていたらできるよ（冷静）』

「うーん、じゃあもう少しがんばる（冷静）」


子どもの怒りの感情を怒りで返すのではなく、こちらは「**冷静**」に返す。すると会話を続けるうちにだんだんと、子どもの感情も冷静になってきます。

もしも励ましてもやめちゃったらどうするの？という声が聞こえてきました。それはそれでオッケーです。明日や

ればいいんです。明日やったときに褒めることができればさらにいいです。

確率的に、親が怒り返した場合、そのままやめてしまうことが多いです。ですが、親が冷静に子どもの怒りの感情を受け取り、冷静に返した場合、案外子どもは時間が経つとケロッとして再開することが多いです。

やめてしまったとしても、それはそれで受け入れてください。大丈夫です。子どもを信じましょう。

❶のタイプも❷のタイプも、実のところ、根っこの感情は同じです。

それは、**できなくて悲しい、つらいという気持ち**です。悲しくてつらい気持ちになったとき、落ち込むかキレてしまうかの違いです。だから、根っこの部分は同じなので、どちらの場合も励ますのがベストです。

まとめ

どんなときでも、親は子どもの応援団

親の言動②　視覚に訴える

僕は職場で、他のクラスの教室を意識的に見ることがあります。

どんな掲示物を貼っているのかな？　教室環境はどんな感じかな？という好奇心から、良いものは自分のクラスにも取り入れたいなという気持ちで見に行っています。

すると、こんなクラスがありました。

給食当番の子が笑顔で並んでいる写真にプラスして言葉が書いてありました。

「待たす人より、待つ人になろう」

なるほど、と思いました。給食当番はエプロンを着て廊下に並ぶのが通例ですが、自分のやりたいことを優先して、並ぶのが遅い子もいます。そういった子向けにどのようにするのが理想かを写真と文字で伝えているわけです。

こういった言葉を「**価値語**」（菊池省三《しょうぞう》先生の造語で、考え方や行動をプラスの方向に導く価値のある言葉のこと）というそうです。

先生がクラスの子どもたちに「待たす人より、待つ人になろう」という言葉を口頭で伝えると一回きりですが、掲示物として壁に貼ってあると、前を通るたびに目につくので何度も見ることになります。**何度も見ることにより、頭に定着する**のです。

これは良くできているなと感心しました。そのクラスには、良い写真にプラスして価値語の書かれた紙がたくさん貼られていました。

これを家で応用したものが、第3章でもお伝えしたゴール（目標）を紙に書いて玄関やトイレなど目立つところに貼ることです。そこを通ったり、部屋に入ったりするたび、目に留まるのでゴールが頭に刷り込まれます。

また、カレンダーを貼り、やった日にシールを貼ることもねらいは同じです。毎日の積み重ねを視覚に訴えることで、継続を見える化しているのです。

さらに、成功したことがイメージできる（例えば、逆上がりができている子、読書をしている子など）写真や絵もいいでしょう。その写真の中に「努力は裏切らない」や「継続は力なり」などの価値語を書いておくと、やる気の源となります。

野球やサッカーで活躍したいのであれば、好きな選手の写真をゴールの横に貼っておくのも効果があります。その選手の名言を書くのもありですね。

目標もカレンダーのシールも、お子さんの好きなキャラクターを盛り込むとさらにモチベーションが上がります。ちなみに僕は、『北斗の拳』が好きで、ゲームの『フィットボクシング』の北斗の拳バージョンを持っています。好きなキャラクターが教えてくれるのでとても楽しくできています。

こういったちょっとした工夫でも積極性は育ちます。

まとめ

視覚に訴えると効果倍増

親の言動③　ねぎらう

お子さんがコツコツがんばった後、どうしていますか？

● お疲れさまの言葉がけ
（例）「今日もがんばったね」「どうだった？」
● すぐに入れるようにお風呂を用意しておく
● おやつを用意しておく

このように、簡単なことでいいです。**お子さんが何かがんばった後に、ねぎらうことができれば次への意欲につながります。**

例えば、習い事をがんばっているとします。帰ってきたときに、「おかえり」と言うだけでなく、一言、「お疲れさま」や「今日もがんばったね」と声をかけるだけで、子どもは「いつも見てくれているんだな」と感じます。

スポーツ系の習い事であるならば、すぐにお風呂に入れるように用意しておくのも効果的です。ねぎらいの言葉にプラスして、「お風呂の準備できてるよ」と言うだけでこちらも印象が変わります。


終わる時間帯にもよりますが、おやつを用意しておくのもありです。

仕事が終わって、ヘトヘトなときに、自分の好きなおやつがあるとうれしくないですか？　それはお子さんも同じことです。

僕の職場では、同僚間でおやつを配る習慣があります。仕事をがんばっているときにもらうと、とてもうれしいものです。おやつそのものもうれしいのですが、それ以上に**渡してくれた気持ち、ねぎらいの気持ちがうれしい**のです。

その**ねぎらいの行為に応援する思いを感じます。**

ねぎらいの行為は、自分自身で用意している場合もあると思います。

例えば、「今日は残業をがんばったから、ハーゲンダッツを買って帰ろう」とか、「大きな仕事を一本終わらせたから今日はプレミアムモルツにしよう」などです。ちなみに僕は、大きな仕事を終えたとき、必ずサウナに行きます。サウナで一人、喜びにふけりととのう。極上の幸せです。

さらに、ゴール（目標）を達成したときは、ちょっとした〝**達成おめでとうパーティー**〟を企画してもいいですね。パーティーというと、なんだかすごいことをしないといけないように感じてしまいますが、そうではありません。

例えば、お子さんの食べたい夕食にする。おやつをいつもよりちょっと豪華にする。これくらいの簡単なことでオッケーです。その際、みんなで乾杯をすると盛り上がります。

- 自転車に乗れたパーティー
- 3カ月、習い事がんばったパーティー

- そろばん５級合格パーティー
- サッカーで優勝パーティー
- １カ月続けられたパーティー

どんなことでも〝パーティー〟と付けるだけでワクワクしませんか？　ピザやお寿司を用意して、ジュースで「乾杯！」。達成したときのビデオなどがあると、さらに盛り上がること間違いなしです。

普段から、ゴールへ向かってがんばっているお子さんをねぎらう。そして、達成した折には、家族みんなでそれを喜ぶ。そうすることで自然と積極性は増します。子どもは親の応援を意識することでなおさらがんばろうという気持ちになるものです。

まとめ

ねぎらうことで子どもは親の応援を意識する

親の言動④　未来を見せる

小学6年生の国語の授業で、説得力を上げる文章の書き方を学ぶ単元があります。普通ならば、説得力を上げる方法について知り、実際に書いていくという流れなのですが、僕のクラスでは必ず最初にこれを子どもたちに聞きます。

「説得力を上げると、どういった良いことがあるのか？」

子どもたちは、あまり答えられません。このまま授業を進めても説得力は身につくのですが、いまいち意欲がわきません。何のために説得力を上げるのかを知っていて学習するのと、知らずに学習するのでは、学ぶ意欲がまったく変わってきます。

そこで、「そもそも説得力とは何か？」から復習します。説得力とは、相手を納得させる力です。なるほど。でもこれだけだと学ぶ意欲につながりません。

次に、説得力を上げるメリットを具体的に伝えます。

- 学級活動で意見が分かれたとき、自分の意見が通りやすくなる
- お小遣いを上げてほしいなど、親にお願いしたいときに叶う可能性が高まる
- 友達と何をして遊ぶかでたくさん意見が出たとき、自分のやりたい遊びにすることができる

具体例を挙げることで、説得力があると話し合いなどで相手の心を動かして行動させられる可能性が高まることを理解させます。

これらの工程を通して、**未来を見せています**。「説得力を上げると自分にとってこんな良い未来が待っている」ということに気づかせ、学ぶ意欲を高めているのです。

これは家でも使うことができます。

例えば、自転車に乗れるようになるというゴール（目標）があるとします。お子さ

んと二人で、自転車に乗れるようになるといいことは何かを考えます。

●早く移動できる

すぐ出てくるのがこれだと思います。これだけでは抽象的すぎるので、もっと具体的に考えます。

●公園にすぐ行くことができる
●遠くの友達と遊ぶことができる
●買い物に行くとき便利

このように具体的に考えると未来を想像しやすいです。子どもから出た意見を「早く移動できるとどんな良いことがあると思う?」と、親が具体化するといいでしょう。

他にも水泳の習い事に挑戦するときも、親子でそのメリットについて考えます。

- 筋力がつき、良い体になる
- 全身を鍛えるので、持久力がつく
- モテる

　コツコツ継続するとどんな良い未来が待っているのかを想像することは、続ける意欲となります。
　さらに、くじけそうになったとき、このメリットが明確であればあるほど、踏ん張ることができるようにもなります。

まとめ

未来を見せると継続する意欲が高まる

親の言動⑤　一緒にやる

僕自身、継続することがもともと苦手でした。だからさまざまな文献を読みあさり、自分自身を実験台にして試行錯誤を重ねました。その結果、継続することが得意になり、教えるまでになりました。

継続指導のプロになったからこそ、言えることがあります。それは、

「継続は一人でやるより仲間とやるほうが続けることができる」

です。最初は特にそうですね。継続することに慣れていないときは、投げ出したくなりやすいので、誰かと一緒にやるほうがいいです。

なぜ、一人でやるより仲間とやるほうがいいのでしょうか？

それは、**共感してくれる人がいる**からです。継続を一緒にやる仲間がいるだけで、

まず心強いです。同じ志を持っている人がそばにいるだけで安心できます。また、うまくいかないとき、気持ちをわかってくれる人がいると結果を前向きに捉えることができるようになります。

では、お子さんは誰とやるのが良いのでしょうか？　それはもちろんパパやママです。家事や仕事で忙しいので、毎日付き合うことは難しいと思います。ですが、**無理のない範囲で一緒にやることをおすすめします。**

ただし、気をつけることがあります。あくまで**一緒にやる目的は共感**です。そのため、聞かれてもいないのにアドバイスをしたり（聞かれたらアドバイスするのはもちろんオッケーです）、何度やってもできないお子さんの姿を見てイライラしたりするのは絶対にいけません。

一緒にやるとき、パパやママはお子さんの補助的な役割に徹する。これが原則です。お子さんが挑戦していることが自分の苦手分野であっても大丈夫です。

小学校のクラブ活動で一輪車クラブの担当になったことがありました。僕は一輪車には乗れません。一輪車クラブは、すいすい乗れる子、乗れるけどぎこちない子、まったく乗れない子などさまざまな子どもがいました。僕は乗れない子と一緒に練習をしました。

みなさんは一輪車に乗ったことはありますか？ 乗ったことのない方に言います。一輪車ってとても難しいです（笑）。なかなか乗れるようになりません。自転車より難しいのではないかと思うほどです。

ここでは共感役に徹しました。子どもが「難しい」と言えば、「難しいね」と答える。何度もつまずくことに子どもがイライラしていたら「わかるよ。でも大丈夫」と伝えます。

僕のつまずきもリアルに見せました。僕ができないところもすべて見せました。もうちょっとでできそうだったのにできなかった場合は、思いきり悔しがりました。

すると、子どもが僕にこう言いました。

「先生、惜しかったね」

うれしくて涙です。がんばる意欲爆上がり。もう**先生と生徒というより仲間でした。**

他にも、読書を毎日するとお子さんが決めたとします。そうしたらそばで一緒に本を読めばいいのです。ママはママの好きな本を読む。それだけでいいのです。これでママも読書の習慣がついたら、しめたものです。まさに一石二鳥です。お子さんが継続しようとしていることでパパやママも興味がある場合は、ぜひ一緒にやってください。それはお子さんにとってもパパやママにとっても良く、win-winです。

だからパパやママができることでも、できないことでも大丈夫。むしろ一緒に練習してお子さんと切磋琢磨すればいいのです。大事なのは**ゴール（目標）までの困難な道のりを一緒に乗り越える仲間がいること**です。

まとめ

仲間がいて共感されると前向きになれる

親の言動⑥　スモールステップで挑戦させる

スモールステップとは、**小さく始める**ことです。

継続のコツやメリットを伝えると、いきなりすごい量をしようとする人が結構います。はじめのうちはそれでもできます。しかし、熱が冷めるとだんだんやらない日が出てきます。そしていつの間にかやめてしまう。こういった体験をされた方は多いのではないでしょうか。

読書や日記、筋トレ、ランニング、縄跳びなど、これらを継続することはとても大切です。読者のみなさんも、今からこれらのうちの一つをお子さんにさせようとしているかもしれません。

そういった場合、つまずいてしまわないために「スモールステップ」を意識してください。

例えば、読書を継続させたい場合。
まず**時間**ですが、最初は15分くらいがいいでしょう。いや、うちの子は15分でも長いかもと思ったら、10分でも大丈夫です。なんなら5分でもよしです。
次に**読む本の内容**ですが、これも最初は活字にこだわらず、「学習まんが」でもオッケーです。近年、子どもが興味を引くキャラクター（名探偵コナンやドラえもんなど）の学習まんががたくさん出ています。「絵本」も見逃せません。絵本は、幼児向けだけでなく、小学校の高学年でも十分楽しめるものも多くあります。
とにかく**最初はこれだったら読めるかもという内容にしましょう**。そして、慣れてきたら時間を伸ばしたり、本の内容をレベルアップさせたりすればいいのです。

文章力を身につけさせたければ、日記も有効です。

日記でよく陥りがちなミスは日記帳を買ってきて、毎日最後の行まで書こうとすることです。大抵の日記帳は、一日の書くスペースが決まっています。だから最後まで書かなければいけないと思ってしまいがちですが、その必要はまったくありません。

最初はスペースをあまり意識せず、できそうな行を目標にします。それは、5行でもいいですし、なんなら1行でもかまいません。

ランニングや縄跳びも同じです。

自分がこれなら毎日できそうだという小さな小さなレベルから始める。そして、「自分でも継続できた！」という成功体験が次なる目標への推進力となります。

大事なのはできたという成果です。自己肯定感が上がり、自信にもつながります。

小さく始めることでも得られるものはとても多いのです。

まとめ

スモールステップで小さな成功体験をたくさん作る

親の言動⑦　楽しくやる

学校ではほぼ毎日、漢字ノートの宿題があります。同じ宿題でも、丁寧な字で書くのと雑な字で書くのとでは、成果に雲泥の差が出ます。先生としてはせっかくやるのなら丁寧な字を書いて、成果を味わってもらいたいものです。

そこで僕はこうしました。丁寧な字かつ間違いがない漢字ノートだった場合、ページの下の空きスペースに数字を書きました。次の日も丁寧で間違いがないと、数字は2になります。このように数字を重ねていき、5の倍数になるとシールをノートの表紙に貼りました。

たったこれだけのことですが、子どもたちはきれいな字で漢字を書くようになります。シールを自分で選んでもいいことにすると、楽しく漢字を書いてくるようになります。ポイントが貯まるという喜びと、ある程度貯まるとご褒美が待っていることがうれしいようです。

さらに、がんばると漢字テストで成果が出ます。きっかけはシールかもしれません。しかし、丁寧に書くことの本質は、漢字の定着です。僕はきちんとそのことを伝えます。漢字ノートの字が丁寧な人ほどテストの点数が高い事実を、コツコツやることで得られるメリットとしてしっかりと伝え、体感させます。

体育の時間で縄跳びをするときは、「縄跳びカード」を使用しています。できる技の回数によって級が決まるカードで、20級から1級まであります。

そろばんは珠算検定、英語は英検で級を取得できます。柔道は帯の色で強さが決まります。スイミングスクールでも、泳げるレベルに応じて級が上がります。**「級」を設定するだけで、子どもたちは級を上げたいがためにがんばる**のです。

冬場はほとんどの学校が朝のかけ足をしています。運動場に出て、数分間トラックを走ります。子どもは正直ですので、「寒いから嫌だ」とよく言います。そこで、走った周を塗る「かけ足カード」を配っています。

僕がこれまでに見てきたかけ足カードの中で秀逸だなと思ったのは、電車の駅が書いてあるものです。実際の距離と連動して、どこまで行けたのかが一目でわかります。たくさん走った人は隣町の駅まで到達していて、とても誇らしい顔をしていました。

第3章で、継続できた日にカレンダーにシールを貼ることを紹介しましたが、これを応用して、10回継続できたら20級、20回できたら19級のように**独自の級を決めることも楽しさの一つになります。**

これはそもそも論ですが、**ゴール（目標）がとても魅力的であることが大事**です。キラキラと輝き、そこに到達したくてしょうがないというものか？　ゴールに向かうために行うことが楽しいか？　これはとても大切です。

人間とはとてもよくできていて、基本的に楽しくないことは続かないようにできています。だからこそ、継続できるように「楽しさ」を工夫することが大切なのです。

まとめ

楽しいから続けることができる

親の言動⑧　話を聞く

突然ですが、あなたはお子さんの話をどれくらい聞いていますか？

徹底して聞いていますか？

目を見て聞いていますか？


子どもは唐突に話をしてきます。こっちのことなんて一切構わず話をしてきます。

例えば、家事をしているとき、本を読んでいるとき、テレビを見ているときなど。

一緒にご飯を食べているときは、さすがに目を見て話を聞くでしょう。

しかし、いざ自分のことをしているときに話しかけられると、聞いているふりをしてしまうことがあります。適当に相づちを打つ感じです。そして、会話の中で「ママどう思う？」と聞かれて「えっ？」となり、子どもはムスッとしてしまうなんてことも。

子どもが小さいのは今だけです。

人生百年時代において、子どもが幼いのはほんの一瞬ともいえます。幼少期と小学生と中学生ではまた子どもの様子も変わります。

子どもの話を聞くことは、言い換えれば、**子どもに興味・関心を持っている**ということです。もちろん、大事なお子さんですので、子どものことに興味・関心がないパパやママはいないと思います。

しかし、お子さんからしたら、この自分の話を聞かれていないというちょっとした体験が積み重なると、もしかしたら自分に興味がないのかなと思ってしまうことになりかねません。

ですので、**どんなときも子どもの目を見て話を聞いてあげてください**。どうしても手が離せなかったり、そのタイミングで聞くことが難しかったりする場合は、理由を説明

して、後で親のほうから「さっきの話聞かせて」と言うといいでしょう。

学校の個人懇談でたまに保護者の方が、「うちの子は学校のことを全然話してくれない」とおっしゃることがあります。自分自身の過去を振り返ってみると、あまり母親に学校でのことを話さなかった気もします。これは人それぞれです。

しかしだからといって「しゃあないな」では、子どもとの距離が離れてしまう可能性があります。あまりに話さないので子どもが何を考えているかわからない、となるかもしれません。

子どもと話したい場合は、食事のときにテレビをつけない、お風呂に一緒に入る、一緒に遊ぶなど、機会をこちらから設定することをおすすめします。

ちなみに人は自分の話をするだけで、快感が得られるという実験結果があります。それは自分のことを話している間、脳の快楽や満足感に関係する脳の神経領域が活性化されるからだそうです。

たしかに僕自身も、自分の話をしているときは結構気持ちいいものだと感じます。

ＳＮＳが人気なのは、自分の話ができるからです。

お子さんの話を積極的にきちんと聞く。

簡単そうで難しいことでもありますが、それだけでお子さんは満足することを理解しましょう。

まとめ

話を聞くだけでも子どもの気持ちは満たされる

親の言動⑨　褒める

いよいよ最後の項目となりました。
自分から積極的に行動する子どもになってもらうために必要な9項目のうち、**「褒める」ことは最も重要です。**

あなたはお子さんのことをどれくらい褒めていますか？
少し考えてみてください。

結果だけを褒めてはいませんか？
お子さんが何かを成し遂げたときは自然と褒めることができます。
しかし、結果までの道のり（過程）はどうでしょうか？
過程は、意識しないと褒めることができません。なぜなら、良いことが形として見えてこないからです。

- 通知表で良い成績だった
- 習い事で昇級した
- 習い事の試合で活躍した
- ○○ができるようになった

結果は目に見えてわかりやすいので、褒めることが比較的簡単です。

しかし、その素晴らしい結果までの過程は、特に成果としては何もないので褒めにくいです。そして見過ごしがちです。

ただ、大事なのはゴール（目標）に向かってコツコツと継続することです。**むしろ褒めるべきはここなのです！**

継続のコツには順序があります。流れがあります。その過程一つひとつがとても大切です。一つでも抜かしてしまうと途中でやめてしまったり、ゴールへの推進力が落ちてしまったりします。

とにかく、**過程を褒めましょう。**

では、具体的にどこを褒めていくのか、継続のコツに従って見ていきます。

まず、何かを継続しようとしたこと。これ自体が褒める対象です。

ゴールを設定し、それに向かって何かにチャレンジする。**もうこの思い、やろうとした決意、これこそが賞賛に値します。**

そして、そこに向かって実際に行動に移す。やると決めたことをやる。これもまた素晴らしいことです。僕は絶対に褒めます。**結果はどうであれ、実際に行動することでしか成長はないので、その行動自体を褒めます。**

最後にゴール達成の瞬間、もうこれは褒めるというより、一緒に喜ぶことに近い感覚です。良い結果をみんなで喜ぶとうれしさは2倍、3倍となります。やはり、良いことは家族みんなで共有するほうがいいのです。

継続していることに限らず、日常の何気ない子どもの言動も褒めポイントがたくさんあります。

- 兄弟姉妹に優しくしている
- お手伝いをしてくれた
- 何かを作って持ってきた
- 学校での話で良いことがあった
- お願いを聞いてくれた

常にアンテナをしっかりと立てて、褒めポイントを見逃さないようにしましょう。

まとめ

結果だけでなく、過程を褒めると積極的に動くようになる
継続していることだけでなく、普段から褒める

終章

ここまで読んでいただき、本当にありがとうございます。

本書を手に取ってくださった方はきっとお子さんがいて、三日坊主を直してほしいという気持ちなのだと思います。

僕はこの本の通りにやれば、お子さんが三日坊主でなくなることを確信しています。教師生活20年以上、そして三児の父として、今までの体験・経験から学んだことをすべて書き尽くしました。

今はやり切った思いでとても達成感、満足感を噛み締めています。

最初に手に取るきっかけはお子さんの三日坊主を直したいということであったと思いますが、ぜひ、パパやママにもやってもらいたいことがあります。

それは、**パパやママ自身も継続に挑戦すること**です。

お子さんと〝一緒に〟ご自身も継続に挑戦してほしいのです。

それが最後の僕のお願いです。

僕は本書を手に取った方全員に、幸せになってほしいと願っています。

僕の夢は講演家です。継続のコツや良さを伝えることで、夢や目標を叶える大人や子どもを増やしたい。

その気持ちが今の自分のバイタリティになっています。

継続の良さは、実際に継続することでその良さがより理解できます。その良さをお子さんだけに感じてもらうのは非常にもったいないです。

継続するだけで価値がある

パパやママもお子さんと一緒に継続に挑戦する。
そして、継続することの良さを体感する。
さらに親戚やご近所で、三日坊主で困っている方がいたら、このやり方を紹介する。
親戚やご近所でも継続することの良さが広まり、夢や目標を叶える人が増える。

何かに挑戦している人の背中はとてもかっこいいです。
それは、年齢は関係ありません。

僕は、41歳で𝕏を再び始めました。本書を出すきっかけになったのも𝕏です。
僕自身が継続により、自分を高めることができました。これからも次なる夢や目標に向けて、やれることをやっていきます。

夢や目標を持つことに**遅すぎるということは絶対にありません。**

僕は、継続すること自体に価値があると思っています。実際、継続をすることで幸福感を得ることができます。

自分の思い描いた通りの人生にするためには継続は必要不可欠です。

もう一度、心に火を灯しませんか？

あきらめていた夢や目標を叶えませんか？

まとめ

夢や目標に遅すぎるということは決してない

完璧主義は捨てる

「子育てに関して、一つだけ何かアドバイスしてください」と言われたら、僕はこう答えます。

「完璧主義を捨てましょう」

子育てに完璧なんて存在しません。無理です。
でも、そのことに気がついたのは、つい最近です。
子育ても継続することも完璧を目指すとへこみます。なぜなら、**うまくいかないのは当たり前**だからです。
子どもも一人の意志ある人間です。他人はコントロールできないものですが、それは子どもにも言えることです。

- 言うことを聞かない
- 同じことを何度も言わせる

こういったことは、親のイライラの原因となりますが、完璧を求めてはいけません。

子どもはそんなもんとあきらめてください。

あきらめて、もうこちらからは何も言わず、自由にすればいいということを言っているのではありません。基本的なしつけは必要ですし、もちろんダメなことはダメだと言い続ける必要はあります。

逆に考えてみてください。

親の言うことは何でも聞く。一度言っただけできっちりとすべて守る子ども。気持ち悪くないですか？

何だか人間性を感じません。子どもらしくないですよね。

さらに、子どもは親の何を見ているかわかりますか？

子どもは親の感情を見ています。そして、子どもは親の感情に敏感です。すべてのことを完璧にさせようとすると、できなくて親はイライラします。そのイライラは子どもに伝わります。そして、そのイライラを子どもが感じた瞬間、子どものびのびとした心はなくなります。親のイライラをなんとか回避する方法はないか、無意識に考えます。

もうその時点で子どもは大変です。それが続くと、親の顔色ばかりをうかがうようになってしまいます。つまり、完璧主義は親にとっても、子どもにとってもプラスになることはないということです。


また、継続に関しても同じことが言えます。

継続しているとわかるのですが、どうしても気が乗らない日が必ず出てきます。継続のコツに従って行動しているのに、気持ちが乗ってこない。

そんな日は必ずやってきます。

これへの対策は、「5分だけやる」です。そして、実際に5分で終えていいです。**継続にとって大事なのは、ゼロの日を作らないこと**です。どうしても気乗りしない日ややらなければいけないことが多すぎて物理的にできない日はちょっとだけやることを意識しましょう。

完璧主義だと、こういった日にできないと自分を責めてしまいます。

そして結果、やめてしまいます。こういう人、少なくありません。

完璧主義は、子育てにおいても、継続においても良いことは一つもありません。

そんなものはさっさと捨ててしまいましょう！

まとめ

完璧主義で良いことは一つもない

トライ&エラーが大事

最後にみなさんに伝えたいこと。

それは、「トライ&エラー」という言葉です。

トライ&エラーとは、問題解決の場面で、さまざまな方法を試し、失敗を重ねながら解決を目指すことです。日本語でいうところの試行錯誤です。

僕はこの言葉が大好きです。

新たなチャレンジで、想像通りにうまくいくことはごくごく稀です。継続に関しても、同じことが言えます。

僕自身もさまざまな失敗を重ねてきました。大事なのは、その後です。必ず失敗には原因となることがあります。

プロ野球選手・監督を歴任した野村克也さんの名言で、こういった言葉があります。

「勝ちに不思議の勝ちあり、負けに不思議の負けなし」

勝利したときは、どうして勝てたのか理解できない不思議な勝ち方があるのに対し、負けるときは必ず負けた原因が存在するという考えです。選手や監督としてたくさんの勝負をしてきた名将の言葉ですので、とても説得力があります。

チャレンジとは、今までやったことのないことで、自分にできるかできないかわからないことを指します。そのため、**失敗する可能性も十分に考えられます。**

だから**チャレンジは失敗ありき**なのです。

かの有名なエジソンはこう言っています。

「私は失敗したことがない。
ただ、一万通りのうまくいかない方法を見つけただけだ」

継続していく中で、もしもうまくいかなかったとしても、別のやり方を模索し、また始めればいいのです。

最後にもう一つ。

「失敗は挑戦の証、胸を張っていい」

これは僕の名言です（笑）。
みなさんに幸あれ。最後まで読んでいただきありがとうございました。

まとめ

失敗は挑戦の証、胸を張っていい

達成!
脱・三日坊主

ぞう先生

継続アカデミー塾長／現役小学校教諭
1980年生まれ、兵庫県神戸市出身。自身も三日坊主で「いろいろなことに挑戦するが続かない」という悩みを抱えていたが、小学校教諭として20年以上、1000人を超える子どもたちを指導してきた経験と、高校・大学での水泳部の経験から、「コツを知れば、誰でも継続できるようになる」ことに気づく。2022年より、継続のコツを教えるnoteメンバーシップ「継続アカデミー」を主宰。継続して、夢や目標を叶えるかっこいい大人を増やすことを目的に、SNS投稿や配信、講演を行っている。三児の父。本書が初の書籍となる。

● noteメンバーシップ「継続アカデミー」 https://note.com/zousan_w/

● 𝕏（旧Twitter） @zousanwarai

うちの子、脱・三日坊主宣言！

2024年4月11日　初版発行

著　者　ぞう先生
発行者　野村直克
発行所　総合法令出版株式会社
〒103-0001 東京都中央区日本橋小伝馬町15-18
EDGE小伝馬町ビル9階
電話　03-5623-5121
印刷・製本　中央精版印刷株式会社

ISBN 978-4-86280-942-1
総合法令出版ホームページ　http://www.horei.com/